Lettres sur les Anglais

T0382356

VOLTAIRE

Lettres sur les Anglais

EDITED WITH
INTRODUCTION AND NOTES
BY
ARTHUR WILSON-GREEN

CAMBRIDGE
AT THE UNIVERSITY PRESS
1961

CAMBRIDGE
UNIVERSITY PRESS

University Printing House, Cambridge CB2 8BS, United Kingdom

Published in the United States of America by Cambridge University Press, New York

Cambridge University Press is part of the University of Cambridge.

It furthers the University's mission by disseminating knowledge in the pursuit of
education, learning and research at the highest international levels of excellence.

www.cambridge.org
Information on this title: www.cambridge.org/9781107687080

First edition 1931
First published 1931
Reprinted 1937, 1946, 1948, 1952, 1959, 1961
First paperback edition 2014

A catalogue record for this publication is available from the British Library

ISBN 978-1-107-68708-0 Paperback

CONTENTS

PREFACE

THE second centenary of the publication of these Letters approaches. The appearance of an annotated English edition may not, perhaps, be inappropriate; it will certainly not be precipitate.

The importance of the Letters in the story of Voltaire's career cannot be disputed. With these Letters his legend begins. Defying the lightning of authority, he began his long battle against stupidity and oppression; he joined the distinguished circle of those who have striven to increase the sum of human happiness,—

> That white-filleted company that Æneas found
> Circled around Musæus in the Elysian fields.

The book has a place also in the unending succession of works which have been written to reveal England to foreigners and to its own inhabitants. His picture of the (still) Unknown Island was the first to have about it traces of immortality. Even in 1931, his description of the life and thought of England in 1731 has some of its original colour, vivacity and piquancy. In these pages, there still shines the young gold of that pen which indeed grew old, but seldom, or never, faltered.

A. W.-G.

June 1931

INTRODUCTION

I

VOLTAIRE

FRANÇOIS-MARIE AROUET, known in later days to all men as Voltaire, was born in Paris on November 21, 1694. His father, François Arouet, was a lawyer, a man of substance and some culture, holding government posts and enjoying the friendship of noble clients and men of letters. At the age of seven, Voltaire lost his mother, *née* Marguerite d'Aumard, and so was deprived of that maternal companionship which, in many lives, has been a refining and mellowing influence. On both sides, he came of successful bourgeois stock, of families that had made good their claim to share in the privileges of the nobility.

At the age of ten, the boy was sent to the Jesuit school, *le collège Louis-le-Grand*. Here he acquired some knowledge of the ancient classics, and the beginnings of that good taste, *le goût*, which became his most treasured possession. Further, he made friendships with *le comte d'Argental, le conseiller de Cideville, le marquis d'Argenson*, and others —friendships which were maintained throughout his life. He was a very distinguished pupil, *collecteur de couronnes*, acclaimed above all as a poet, recognised already as of a sceptical turn—puer ingeniosus sed insignis nebulo—but the pride of his teachers. These latter Voltaire never forgot. At the age of forty-five, he was still writing, *avec une éternelle reconnaissance*, to one of them, *le père Charles Porée*, and mingling felicitously the dogmatism of a law-giver and the docility of a pupil: *Le plus grand écueil des arts dans le monde, c'est ce qu'on appelle les lieux communs.... Songez seulement, mon cher père, que ce n'est pas un lieu commun que la tendre vénération que j'aurai pour vous toute ma vie*. He left school at the age of sixteen, accustomed to applause, assured of the possession of great talents, and fortified, in consequence, with no little aplomb.

The sixteen years following, 1710–26, up to the time of his visit to England, which forms so definite a landmark in

b

his career, were years of ceaseless activity and of great
variety—of journeys to Holland, of sojourns in the provinces, of the beginnings of his literary fame, of imprison-
ments in the Bastille, of escapes from death by smallpox
and by fire, of unwearying efforts to distinguish himself as
a poet and as a man of wealth and fashion.

His father vainly endeavoured to make a lawyer of him,
and Voltaire did in fact spend a few months in the chambers
of Maître Alain, and to some purpose, as he learnt at this
time something of business methods, knowledge which
helped to make him so successful in financial speculation
and moneylending. In the lawyer's office, also, he began
a lifelong friendship with a fellow-clerk, the easy-going and
not very trustworthy but, at times, indispensable Thieriot,
who hastened to his side when he was stricken with smallpox, and to whom, ostensibly, the 'Lettres sur les Anglais' were addressed.

It was during this period that Voltaire became acquainted
with Bolingbroke, who exerted considerable influence upon
his philosophy and politics (note, p. 120). Another important friendship was that of M. de Caumartin, marquis
de Saint-Ange, a distinguished veteran of the reign of
Louis XIV. Voltaire, with his characteristic and inimitable
grace in turning a compliment, wrote of him:

> *Caumartin porte en son cerveau*
> *De son temps l'histoire vivante;*
> *Caumartin est toujours nouveau*
> *A mon oreille qu'il enchante.*

As a result of his intercourse with Caumartin, Voltaire conceived the bold ambition of giving to France its first epic
poem, with Henry IV, the one popular King of France, as
the hero. Caumartin's reminiscences also bore fruit at a
later date in the compilation of a great historical work, 'Le
Siècle de Louis XIV'.

In 1717–8, Voltaire underwent his first imprisonment in
the Bastille. He was charged with the authorship of two
satirical poems directed against the Regent, *Philippe, duc
d'Orléans*. During his enforced leisure, which lasted nearly
eleven months, he began his epic 'La Henriade'. He was

allowed no paper or ink and wrote his poem between the lines of a Homer, the only book that he took to prison with him.

The year 1718 is memorable for the production of his first tragedy 'Œdipe'. Its success was prodigious; it was performed forty-five times, a record for that age, and Voltaire was hailed as a worthy successor of Corneille and Racine. In this play, the first note was heard of that warfare against superstition and absolute rule which fills so large a part of Voltaire's life:

> Nos prêtres ne sont point ce qu'un vain peuple pense;
> Notre crédulité fait toute leur science.

In a dedication of this work to the duchesse de Lorraine, Voltaire first styles himself Arouet de Voltaire—pour voir, he says, si je serai plus heureux sous ce nouveau nom que sous le premier. The most plausible explanation of this new name is Condorcet's (note, p. 150, l. 31). The theory that 'Voltaire' is an anagram of Arouet L. J. is surely impossible; he would not have called himself Arouet d'Arouet le Jeune.

The new name figures largely in an incident which happened in January, 1726, and which, paltry though it may have seemed at the time, had remarkable consequences for Voltaire, and even, it may be said, for France and the French monarchy. At the Opera House, seemingly by his too assured bearing, Voltaire excited the wrath of le chevalier de Rohan (Gui-Auguste de Rohan-Chabot), an unworthy bearer of a great name, who put to him the question, using the contemptuous abbreviation of Monsieur common at that time: Mons' de Voltaire, Mons' Arouet, comment vous appelez-vous? Voltaire replied: Savez-vous la différence qu'il y a de vous à moi? C'est que je fais honneur à mon nom et que vous déshonorez le vôtre. A few days later, the chevalier proceeded to have Voltaire beaten in the street by six coupe-jarrets. Voltaire began desperately to seek means of avenging himself, when on April 17, at the instigation of the Cardinal de Rohan and with the connivance of his own relative, d'Aumard, he was arrested and again incarcerated in the Bastille. The maréchal de Villars in his 'Mémoires' thus sums up the matter for all time: Le public, *disposé à tout blâmer, trouva pour cette fois, avec beaucoup de raison, que tout le monde avait tort: Voltaire d'avoir offensé le chevalier de Rohan; celui-ci d'avoir osé commettre un crime digne de mort; le gouvernement, de n'avoir pas puni la notoriété d'une mauvaise action, et d'avoir fait mettre le battu à la Bastille pour tranquilliser le batteur.*

By an order dated May 2, 1726, Voltaire was released from prison and allowed, or obliged, to go to England. He disembarked on a public holiday, probably Whit Monday, May 30, 1726, near Greenwich, In Greenwich Park he found a great concourse of holiday-makers and he was delighted with their gaiety and good looks: the sky was cloudless, and the view of the river, with its shipping and, in the distance, the vastness of London, aroused his lively admiration.

The French government, though, in effect, it exiled him, provided him with letters of introduction to the Duke of Newcastle, the Foreign Secretary, and the *duc de Broglie,* the French Ambassador. The ostensible purpose of Voltaire's visit was to arrange for the publication of 'La Henriade' and this matter did in fact occupy him for some months of his stay. Before his visit, he had become friendly in Paris not only with Lord Bolingbroke and Lady Bolingbroke, a Frenchwoman by birth, but also with Mr (later, Sir) Everard Falkener, a wealthy London silk merchant. He did not arrive as a solitary exile; his earliest addresses were *chez Mr Faulknear, à Wandsworth* and *chez mylord Bolingbrooke, à Londres.* His feeling towards the French government was naturally hostile. He had hoped for the favour of the French court; to hold office had not seemed impossible; instead, he had been wrongfully imprisoned and exiled. He was in a mood, it may well be imagined, to admire and extol the freedom of speech and liberty of person which he found in England, and to envy English writers their political influence.

He spent several months of 1726 at the house of Mr Falkener, working assiduously and with remarkable success at the study of English. As early as October, 1726, he writes an excellent English letter to Thieriot: "I lead an obscure and charming life at Wandsworth, quite given over to the pleasures of indolence and friendship". To most people, Voltaire's indolence would have seemed hard work. Early in 1727, he was presented at court. He stayed for some months at Parson's Green, at the house of a generous patron of letters, the much-travelled Lord Peterborough. He became acquainted with the foremost poets and writers— with Pope, Swift, Gay, Congreve, Thomson and Young— as well as with scientists and theologians, such as Sir Hans Sloan and Newton's disciples, Dr Samuel Clarke and Dr Henry Pemberton. He met Mrs Conduitt, the niece of Newton, and heard from her the historic story of the falling apple (p. 60), which he was the first to set down in writing. He was received by the Duchess of Marlborough and gleaned from her some information for his 'Vie de Charles XII', which he began in England. He spent some time at the Eastbury seat of Bubb Dodington, afterwards Lord Melcombe, and thirty years later had not forgotten the hospitality he then enjoyed—nor lost his mastery of the English language: "be assured", he wrote to Lord Melcombe, "of my sincere and everlasting gratitude". Obviously, he mixed in somewhat exclusive circles and his society was chiefly that of the most advanced thinkers of the time. His view of the general level of intelligence in England may have been a little too flattering—for him, the English were "a nation of philosophers"—but he kept his eyes, his penetrating and inquisitive eyes, open, and observed some of our idiosyncrasies—"we have men", he wrote to Thieriot, "who walk six miles a day for their health, feed on roots, never taste flesh, and wear a coat thinner than your ladies do on the hottest days".

In the winter of 1727, he published, in English, 'Essays on the French Civil Wars and on Epic Poetry', noteworthy alike for their English style and discriminating criticism. These Essays were intended to prepare the way for 'La Henriade' which was published in March, 1728. Voltaire, with this work, gave to French literature the epic poem which it lacked and took his place as the foremost of French poets. The poem was published by subscription and brought to its author a sum of at least £2000. Henceforward he enjoyed an ever-increasing affluence.

Among his acquaintances in London he counted Baron Fabrice, a former companion of Charles XII of Sweden and later Chamberlain of George I. Intercourse with the baron led to the writing of his 'Histoire de Charles XII', a work for which he had particular affection: *C'est mon ouvrage favori*, he wrote at the time of its publication in 1731, *et celui pour qui je me sens des entrailles de père*. With this work, Voltaire made his début as a historian. Such history had never been written before. Its theme was modern, it was, like almost everything he wrote, eminently readable, it abounded in exact and vivid detail, it illustrated, without unduly stressing, the futility of war—*les saccageurs de provinces ne sont que des héros. J'appelle grands hommes ceux qui ont excellé dans l'utile ou l'agréable.*

Before leaving England, he also wrote the first two acts of 'Brutus', a play in praise of liberty, which had been inspired by the reading of Shakespear's 'Julius Caesar'. Finally, in the latter part of 1728—*dans la maison de notre cher et vertueux Falkener*—the indefatigable poet began his 'Lettres sur les Anglais', though they were probably far from complete when, *à l'anglaise*, he made his adieus.

The date of Voltaire's departure is uncertain. In July, 1728, he wrote, "I want a warmer climate for my health which grows worse and worse in England". In November, Lord Peterborough, writing to a friend, mentioned that M. Voltaire had already taken his leave. Early in 1729, Voltaire, in a letter to Thieriot, in English, says: "If I am smoked out this bout, I will plead that former leave for my excuse....I am here upon the footing of an English traveller". From these expressions, it may be concluded that he was already in France. In March, 1729, he addressed a letter to Thieriot from St Germain and, in April, he received permission to return to Paris. It would seem that he fled, in November, 1728, from the rigours of an English winter.

It is convenient to consider next the years from 1729 to 1753—from his return to France until his departure from the court of Frederick the Great. Henceforward propaganda rather than publicity engrossed his attention. His fame as a poet had been secured by the publication of 'La

Henriade '. The publication of the ' Lettres sur les Anglais ', 1733, 1734, brought him all the notoriety he could desire. His experiences and his travels had enriched his personality and broadened his interests. *L'exil et les malheurs le sacrèrent philosophe*, says M. Texte; he fought for the three sovereignties which, in Lamartine's bold phrase, were secured for France by the Revolution of 1789—the sovereignty of right over might, of intelligence over prejudice, of popular government over absolute rule. He still went in fear of imprisonment and his place of residence was often determined by his desire to avoid the Bastille.

Several years of this period were spent at the château of the *marquise du Châtelet*, at Cirey (Haute-Marne), a hundred miles east of Paris. The *marquise* was a lady of exceptional graces and gifts. She was charming to behold —intelligent, wistful, vivacious, broad of brow. She had a natural aptitude for languages, science and mathematics. But these were her diversions rather than her preoccupations. She loved her friends more than her books. It was written of her, as it was of the delightful *duc d'Antin*, in the pages of Saint-Simon, that she was never heard to say evil of anyone. Voltaire must have profited by his years of friendship with this gifted, tender and gracious spirit. She shared in his studies, restrained him when he was inclined to publish works which would inevitably endanger his liberty, and eventually helped him to make peace with the court. In 1745, he was appointed *historiographe et gentilhomme du roi*, and soon afterwards he was elected a member of the Academy. In France, however, the sun of royal favour soon set, but another court, that of Prussia, desired his presence and, on the death of Madame du Châtelet, Voltaire journeyed to Berlin.

The ruling King of Prussia, Frederick the Great, had long corresponded with Voltaire. He aspired to write French poetry and took pleasure in performing on the flute. Further, he desired to make his court illustrious by surrounding himself with men of wit and learning, and he preferred those who were of French birth. But his chief interests were military and political, and his ruling passion was self-aggrandisement. He was often brutal and offensive in his treatment of his courtiers. The years spent at Berlin and Potsdam, 1750–3, were for Voltaire years of humiliation. In his quarrels with the King and with the other literary men of the court, he showed his worst qualities—he was petty, shifty and malicious. When, finally, he left the Prussian court, the long arm of the King's vengeance pursued him across Germany, and rid him for all time of desire for the society of kings. The desire was laudable for it was inspired by his reforming zeal; he had hoped, through his influence on the rulers, to make their rule more just and more enlightened. By virtue of his genius, he was now himself becoming a king. At a later date, Frederick was heard to say that the king he feared most was *le roi Voltaire*.

To this period of his life belongs a series of great works. The most popular of his tragedies 'Zaïre', which owes not a little to 'Othello', was first performed in 1732. The diverting story of 'Zadig'—*né avec un beau naturel fortifié par l'éducation*—the ingenuous youth who became King of Babylon, was written in the course of a few days when its author was hiding from arrest. 'Le Siècle de Louis XIV', to which nearly twenty years of study were given, was published in 1751 (in its final form in 1768). It is a history of the march of civilisation—*de l'esprit des hommes dans le siècle le plus éclairé qui fut jamais*. A second great historical work—it owed its inspiration to Mme du Châtelet—is the 'Essai sur les mœurs et l'esprit des nations', a history of the world in 197 chapters, which covers the period from Charlemagne onward. Both these works are humanitarian in their aim; Voltaire would have men more rational and so happier. They abound in clear exposition, in striking generalisations, and memorable phrases. In the 'Essai', one of Voltaire's most cherished beliefs finds expression, his belief in the solidarity of the human race—*la patrie est où l'on vit heureux*.

There remains the last and greatest period of this great man's life, from 1753, when he was nearly sixty years of age, until his death in 1778. All through these years he continued an indefatigable worker; he acted on his own precept—*vieux il faut travailler comme le diable*. He complained throughout his life of ill-health and, as he grew older, he lamented it, or jested about it, in almost every letter. His digestion was never of the best, he was sparing in his diet—scrambled eggs was one of his favourite dishes —*je veux une bonne chère plus simple que délicate.. .je n'ai pas pu manger de perdrix* (1774)—he was constantly trying new régimes, and advising his friends to eat less ; the only man who inspired him with awe was his doctor, the famous Tronchin (who gave his name to the *canne à la Tronchin*) of Geneva. However, he lived to be eighty-three. It was with truth that he said : *je suis un roseau qui a vu tomber bien des chênes.* His adaptability did not fail him. He was able to the last to settle down anywhere and in any circumstances, provided that his appetite for work was satisfied. His gaiety and irascibility remained. His compliments lost none of their grace. He would allow no one to outdo him in courtesy: when the great actress, Mlle Clairon knelt down before him to do him honour, *le vieux malade* also knelt down before her—and had to be assisted to his feet. His zest kept him alive. As long as there was the cause of humanity to fight for, and an enemy of it to fight against, it was well with him. These years of unexampled effort for what seemed to him the happiness and welfare of mankind end with his triumphant return to Paris, with a welcome there such as the city had never given to king or conqueror and with the death of this aged, heroic, dauntless fighter, borne down at last—by the weight of his laurels.

In these years, Voltaire possessed three residences—two in Switzerland, one for the summer, near Geneva, which he named *Les Délices*, and another for the winter, near Lausanne, and a third across the French frontier, four miles to the north-west of Geneva, at Ferney. His object in thus multiplying his properties was to have a place of refuge in the event of his relations with either the French or Swiss government becoming dangerously strained. In the last years of his life, he resided continuously at Ferney and made the name famous throughout Europe. Thither came visitors of various nationalities—philosophers and princes, writers and courtiers, actors and diplomatists— d'Alembert, Turgot, the Prince de Ligne, the Landgrave of Hesse, Mme de Genlis and Mlle Clairon, Goldsmith,

Beckford, Fox, Wilkes, Boswell (who received a snub even worse than those which Dr Johnson gave him), Gibbon (who could not boast of any particular notice: *Virgilium vidi tantum*), and two less famous men who wrote long accounts of their visit, Dr John Moore and the Rev. Martin Sherlock. Voltaire rebuilt the château of Ferney and made it the spacious and dignified building, with its three *perrons* and mansard roof, with double row of windows, which one sees to-day. But he was not only *l'aubergiste de l'Europe*, he was also *le patriarche de Ferney*. He was not content to be an advocate only, he taught also by example. He endeavoured to provide a model of how the betterment of conditions which he claimed for human kind might be accomplished. He transformed his estates—drained marshes, cultivated his woods, his vineyards and his gardens, raised cattle, prided himself on the size and cleanliness of his poultry-runs. To agriculture he added manufacture. He had his tile factory, his tannery, he made silk and silk stockings, he started a colony of watchmakers. Further, he was a champion advertiser of his goods. His messages to his friends sound strangely like the advertisements which now, every night, are broadcast from France to the listening earth: *Vous voulez des bas? Vous ne pouvez mieux faire que de vous adresser à nous. Nous sommes bons ouvriers et très fidèles.*

M. Lanson, and surely no one knows more of Voltaire than he, declares that in the last twenty years of his life Voltaire scarcely wrote a page which was not the condemnation of an abuse or the advocacy of a reform. There came from his pen, in rapid succession, pamphlets and speeches, stories, dialogues and monologues, and—perhaps the most attractive of all his compositions—letters. Seldom, or never, has there been a writer at once so voluminous and so readable. 'Candide', the most famous of his stories, appeared in 1759. Here the target is that false optimism which discourages effort and suggests that all is well when, manifestly, it is not, and the upshot of it is—*il faut cultiver son jardin—travaillez et Dieu travaillera.*

Until the days of Ferney, Voltaire's fame had been limited to the rich and cultured. From 1761 onwards, he took upon himself the championship of the wronged and oppressed, and it is this courageous, persistent, disinterested championship that made his fame universal. When, in 1791, his ashes were conveyed for burial to the Panthéon in Paris, the catafalque bore the words: *Il vengea Calas, La Barre, Sirven et Montbailly. Poète, philosophe, historien, il a fait prendre un grand essor à l'esprit humain; il nous a préparés à devenir libres.* The cases of Calas and Sirven were similar: a Huguenot father was accused of murdering a child because the child had adopted the Roman Catholic religion. After years of effort, Voltaire brought about the rehabilitation of both families and saved the life of Sirven, though Calas was executed. The deaths of the children were accounted suicides. La Barre was a young man who was executed on a charge of mutilating a crucifix, which stood in a public place at Abbeville. Voltaire's intervention was ineffectual but the circumstances of the accusation rendered it more than ever courageous. Montbailly suffered death as a parricide. Voltaire saved Mme Montbailly, who was charged with complicity, from punishment and secured the vindication of Montbailly. Among English people, Voltaire's most famous remark is his comment on the execution of Admiral John Byng (1757): *En Angleterre, on fusille un amiral pour encourager les autres.* Less well known is the fact that he endeavoured to save the life of the Admiral, whom he had known in London. There was ample time for intervention as Byng was not executed until ten months after his defeat off Fort Mahon. Voltaire obtained a letter on Byng's behalf from the *maréchal de Richelieu,* one of the French commanders from whom Byng sailed away. The letter, though it did not secure Byng's acquittal by the court martial, is said to have influenced some votes. In it the Marshal expressed the soldierly opinion that Byng's only crime was that he had been beaten. The last of these fights for justice, episodes so unusual in the life of a poet, was undertaken to clear the memory of *le comte de Lally,* and it was crowned with success. Lally surrendered Pondicherry to the English in 1761; he held out for nine months and the force to which he finally surrendered was about thirty times as large as his own. For this offence he was executed five years after the event. The last letter which Voltaire, prince of letter-writers, wrote is dated May 26, 1778, four days before his death. He had heard that Lally's condemnation had been reversed and his honours restored to his family. He wrote to Lally's son: *Le mourant ressuscite en apprenant cette grande nouvelle; il embrasse bien tendrement M. de Lally; il voit que le roi est le défenseur de justice; il mourra content.*

Voltaire was not exempt from human failings. In some of his writings he appears petty, slanderous and obscene. Many have execrated him for his cynicism, and for his mockery of what they have held most sacred and most worthy of honour. Many may not be willing to forget his faults. In spite of all, Lord Morley's judgment stands: "Humanity armed, aggressive and alert, never slumbering and never wearying, moving like ancient hero over the land to slay monsters, is the rarest of virtues, and Voltaire is one of its master-types."

II

LES LETTRES SUR LES ANGLAIS

It was inevitable that Voltaire should write his 'Lettres anglaises'. He had surveyed with care the work of his predecessors in this field and notably that of Béat de Muralt. From the outset, in letters such as he alone could write, he had described his experiences to '*son cher enfant*', that 'lazy creature', Thieriot. As early as 1727, in a notice introductory to his 'Essays on the French Civil Wars and on Epic Poetry', he had announced his intention of writing a narrative of his stay in England. When Thieriot was in England, in 1733, arranging for the publication of the English translation of the *Lettres*, Voltaire gave him very definite instructions to state in the preface that they were written to him and, for the most part, in 1728. There is no reason to doubt that they were begun in that year and at Mr Falkener's house at Wandsworth. It is evident, however, from Voltaire's own correspondence, that they were not sent from England to Thieriot and that they were in fact not completed until 1733. Voltaire's correspondence between 1731 and 1733 shows that he was occupied with the *Lettres* throughout these years. In February, 1733, for example, he wrote to Thieriot: *J'ai passé deux mois à m'ennuyer avec Descartes, et à me casser la tête avec Newton, pour achever les* Lettres *que vous savez.* Internal evidence points to the same conclusion: Colley Cibber in Letter XIX is poet-laureate, a title which was conferred on him in December, 1730: Mrs Oldfield, whose funeral is mentioned in Letter XXIII, died in October, 1730. Voltaire was afraid of what might follow the publication of the *Lettres*. He wished therefore to create the impression that they were ephemeral productions written from England to a friend. His fears may explain also the curious fact that the Letters first appeared in an English translation in London. The translation, which bears the date 1733, was made by a journalist and poet, John Lockman, and it does him credit. It reads like an original work and, though much of the elegance of the French disappears, it has few inaccuracies. It would seem that Voltaire cherished the hope, a vain one, that, if the Letters were favourably received in England and accepted as entertaining and inoffensive, their novelty and subversive tendency might be less apparent in France and possibly condoned. In August, 1733, he wrote to Formont (*conseiller au parlement de Rouen*, a friend of his old schoolfellow, Cideville): *Les lettres philosophiques, politiques, critiques, hérétiques et diaboliques se vendent en anglais à Londres avec un grand succès.*

The Letters were first published in French in the following year, 1734, when no fewer than five editions appeared: one printed in London from Thieriot's text; one printed by Jore in Rouen, and three pirated editions of this latter text, printed in Amsterdam. Voltaire was himself responsible for Jore's edition, of which he corrected the proofs. It is this text which has been adopted for the twenty-four Letters of the present volume. No manuscript of the Letters is now in existence.

Thieriot's edition bore the title 'Lettres sur les Anglais', but Jore's edition that of 'Lettres philosophiques', a title first used, and used jestingly, in the letter to Formont from which the relevant extract has already been quoted. In all the preliminary correspondence, and even after the appearance of Jore's edition, Voltaire refers to the work as *Lettres sur les Anglais* or *Lettres anglaises*. It may be assumed that he changed the title so that it might cover a twenty-fifth Letter, which is included in Jore's edition, but not in Thieriot's, and entitled *Sur les Pensées de M. Pascal*. This letter has no direct connection with Voltaire's sojourn in England nor with his commentary on English institutions, and therefore is not included in the present volume. It was written in 1732–3. Voltaire found pleasure in showing how the method of reasoning which he had learnt from Locke might be used to combat *ce géant du jansénisme*, *M. Pascal*. These Remarks on Pascal gave more offence to church people than the Letters on Religion in England, and it was not without cause that Voltaire alleged his desire to undergo prosecution for one book, rather than for two, as a reason for publishing them with the 'Lettres sur les Anglais' and not as a separate volume.

The indignation with which the Letters were received was no less great than the interest which they aroused. The work is of course polemical. Its hostility to the French government and church is none the less bitter for being (rather transparently) veiled. The intention of the book was in part to reveal England to French people. With justice, Voltaire claimed (in a letter to Horace Walpole, 1768) that he was the first who had made Shakespear known to the French; that before him no one in France knew anything of English poetry and scarcely anyone had heard the name of Locke; that he was the first who explained to his fellow-countrymen the discoveries of Newton. All this is true. These names had been whispered before in France; they were not heard till Voltaire uttered them. His main purpose was not however to utter them, or the praise of England; his main purpose was to decry and discredit French institutions. With these Letters he began his long crusade against the absolutism of the monarchy, the privileges of the nobility and the corruption of the church, to which at a later date Diderot, d'Alembert and the other encyclopedists lent their powerful support, and which found its culmination fifty years afterwards in the Revolution. The purport of the Letters was quickly seen. They excited the resentment of the court, of the church, of the lawyers, even (by the praise of Shakespear, though it was somewhat faint) of literary men. The government acted with unusual celerity. A *lettre de cachet* was issued for the arrest of Voltaire on May 2, 1734. He had been forewarned by his friends and had departed—*à ce que l'on dit, pour prendre les eaux en Lorraine*. He remained in hiding or abroad—in Holland or Switzerland—for some months. In March, 1735, he received conditional permission to return to Paris but for many years he went in fear of imprisonment, for which, like the rest of mankind, he had *une aversion mortelle*, and one of the charms of Cirey was its seclusion and its proximity to Lorraine.

The *Parlement de Paris* promulgated a decree against the Letters on June 10, 1734: *Ledit livre sera lacéré et brûlé dans la cour du Palais...par l'exécuteur de la haute justice comme scandaleux, contraire à la religion, aux bonnes mœurs et au respect dû aux puissances; la cour fait très expresses inhibitions et défenses à tous libraires...de l'imprimer, vendre, débiter ou autrement distribuer...* and under the same date it was announced that *le livre y mentionné a été lacéré et jeté au feu par l'exécuteur de la haute justice, en présence de nous, Marie-Dagobert Ysabeau, l'un des trois premiers et principaux commis pour la Grand'chambre.* These measures proved ineffective. About forty editions were published in the forty-four years which elapsed between this time and the death of Voltaire.

The Letters fall into five groups: those concerned with religion, with government, with social matters, with philosophy and with literature. All these subjects are treated in a spirit of free inquiry, often of levity, seldom of strict impartiality. To heighten the contrast with France, the picture of England is painted in colours at times too cheerful. The sketch of English government is incomplete. No mention is made of the cabinet and little of the defects of the system, such as bribery and corruption. Social conditions must somewhere have left more to be desired than is suggested in the last paragraph of Letter IX. Not all literary men were as fortunate as Addison and Prior. It is to be feared that Voltaire scorned to notice the most famous of all heroes of fiction, Robinson Crusoe. He is silent concerning Robinson's creator, Daniel Defoe, like himself a writer of best-sellers, unresting and unconquerable.

Education, it has been said, should not pack the mind but make it plastic. The perusal of these Letters may well contribute to that end. There is the contrast between the seventeen-thirties and the nineteen-thirties; there is the wide variety of topics; there is, above all, the quick, vivacious mind of Voltaire, his wit, fertility and terseness—*malheur à qui dit tout ce qu'il peut*—to stimulate and encourage the reader. More often than not the reader will find himself in agreement with the author, who was of the opinion that *quand un Français et un Anglais pensent de même, il faut bien qu'ils aient raison.*

LETTRES SUR LES ANGLAIS

SUR LES QUAKERS

J'AI cru que la doctrine et l'histoire d'un peuple si extraordinaire méritaient la curiosité d'un homme raisonnable. Pour m'en instruire j'allai trouver un des 5 plus célèbres quakers d'Angleterre, qui, après avoir été trente ans dans le commerce, avait su mettre des bornes à sa fortune et à ses désirs, et s'était retiré dans une campagne auprès de Londres. Je fus le chercher dans sa retraite: c'était une maison petite, mais bien bâtie, pleine 10 de propreté sans ornement. Le quaker était un vieillard frais qui n'avait jamais eu de maladie, parce qu'il n'avait jamais connu les passions ni l'intempérance: je n'ai point vu en ma vie d'air plus noble ni plus engageant que le sien. Il était vêtu, comme tous ceux de sa religion, d'un 15 habit sans plis dans les côtés et sans boutons sur les poches ni sur les manches, et portait un grand chapeau à bords rabattus, comme nos ecclésiastiques. Il me reçut avec son chapeau sur la tête, et s'avança vers moi sans faire la moindre inclination de corps; mais il y avait plus de 20 politesse dans l'air ouvert et humain de son visage qu'il n'y en a dans l'usage de tirer une jambe derrière l'autre, et de porter à la main ce qui est fait pour couvrir la tête. "Ami, me dit-il, je vois que tu es un étranger; si je puis t'être de quelque utilité, tu n'as qu'à parler. — Monsieur, 25 lui dis-je, en me courbant le corps et en glissant un pied vers lui, selon notre coutume, je me flatte que ma juste curiosité ne vous déplaira pas, et que vous voudrez bien

me faire l'honneur de m'instruire de votre religion. — Les
30 gens de ton pays, me répondit-il, font trop de compliments
et de révérences; mais je n'en ai encore vu aucun qui ait
eu la même curiosité que toi. Entre, et dînons d'abord
ensemble." Je fis encore quelques mauvais compliments,
parce qu'on ne se défait pas de ses habitudes tout d'un
35 coup; et, après un repas sain et frugal, qui commença et
qui finit par une prière à Dieu, je me mis à interroger mon
homme. Je débutai par la question que de bons catholiques ont faite plus d'une fois aux huguenots: "Mon cher
monsieur, lui dis-je, êtes-vous baptisé? — Non, me ré-
40 pondit le quaker, et mes confrères ne le sont point.
— Comment, morbleu! repris-je, vous n'êtes donc pas
chrétiens? — Mon fils, repartit-il d'un ton doux, ne jure
point: nous sommes chrétiens, et tâchons d'être bons
chrétiens; mais nous ne pensons pas que le christianisme
45 consiste à jeter de l'eau froide sur la tête avec un peu de
sel. — Eh! ventrebleu! repris-je, outré de cette impiété,
vous avez donc oublié que Jésus-Christ fut baptisé par
Jean? — Ami, point de jurements, encore un coup, dit le
bénin quaker. Le Christ reçut le baptême de Jean, mais
50 il ne baptisa jamais personne; nous ne sommes pas les
disciples de Jean, mais du Christ. — Hélas! dis-je,
comme vous seriez brûlé en pays d'inquisition, pauvre
homme!...Eh! pour l'amour de Dieu, que je vous baptise, et que je vous fasse chrétien! — S'il ne fallait que
55 cela pour condescendre à ta faiblesse, nous le ferions
volontiers, repartit-il gravement; nous ne condamnons
personne pour user de la cérémonie du baptême, mais
nous croyons que ceux qui professent une religion toute
sainte et toute spirituelle doivent s'abstenir autant qu'ils
60 le peuvent des cérémonies judaïques. — En voici bien
d'une autre! m'écriai-je; des cérémonies judaïques?
— Oui, mon fils, continua-t-il, et si judaïques que plusieurs juifs encore aujourd'hui usent quelquefois du
baptême de Jean. Consulte l'antiquité, elle t'apprendra
65 que Jean ne fit que renouveler cette pratique, laquelle

était en usage longtemps avant lui parmi les Hébreux,
comme le pèlerinage de la Mecque l'était parmi les
Ismaélites. Jésus voulut bien recevoir le baptême de
Jean, de même qu'il s'était soumis à la circoncision; mais,
et la circoncision, et le lavement d'eau, doivent être tous 70
deux abolis par le baptême du Christ, ce baptême de
l'esprit, cette ablution de l'âme, qui sauve les hommes;
aussi le précurseur Jean disait: 'Je vous baptise à la
vérité avec de l'eau, mais un autre viendra après moi,
plus puissant que moi, et dont je ne suis pas digne de 75
porter les sandales; celui-là vous baptisera avec le feu et
le Saint-Esprit'; aussi le grand apôtre des gentils, Paul,
écrit aux Corinthiens: 'Le Christ ne m'a pas envoyé pour
baptiser, mais pour prêcher l'Évangile'; aussi ce même
Paul ne baptisa jamais avec de l'eau que deux personnes, 80
encore fut-ce malgré lui; il circoncit son disciple Timo-
thée; les autres apôtres circoncisaient aussi tous ceux qui
voulaient. Es-tu circoncis?" ajouta-t-il. Je lui répondis
que je n'avais pas cet honneur. "Eh bien! dit-il, l'ami,
tu es chrétien sans être circoncis, et moi sans être baptisé." 85
Voilà comme mon saint homme abusait assez spécieuse-
ment de trois ou quatre passages de la sainte Écriture qui
semblaient favoriser sa secte; mais il oubliait de la
meilleure foi du monde une centaine de passages qui
l'écrasaient. Je me gardai bien de lui rien contester: il 90
n'y a rien à gagner avec un enthousiaste; il ne faut point
s'aviser de dire à un homme les défauts de sa maîtresse,
ni à un plaideur le faible de sa cause, ni des raisons à un
illuminé; ainsi je passai à d'autres questions.
"A l'égard de la communion, lui dis-je, comment en 95
usez-vous? — Nous n'en usons point, dit-il. — Quoi!
point de communion? — Non, point d'autre que celle
des cœurs." Alors il me cita encore les Écritures. Il me
fit un fort beau sermon contre la communion, et me parla
d'un ton d'inspiré pour me prouver que les sacrements 100
étaient tous d'invention humaine, et que le mot de sacrement ne se trouvait pas une seule fois dans l'Évangile.

"Pardonne, dit-il, à mon ignorance, je ne t'ai pas apporté
la centième partie des preuves de ma religion; mais tu
105 peux les voir dans l'exposition de notre foi par Robert
Barclay: c'est un des meilleurs livres qui soient jamais
sortis de la main des hommes. Nos ennemis conviennent
qu'il est très dangereux: cela prouve combien il est
raisonnable." Je lui promis de lire ce livre, et mon quaker
110 me crut déjà converti.

Ensuite il me rendit raison en peu de mots de quelques
singularités qui exposent cette secte au mépris des autres.
"Avoue, dit-il, que tu as eu bien de la peine à t'empêcher
de rire quand j'ai répondu à toutes tes civilités avec mon
115 chapeau sur ma tête et en te tutoyant; cependant tu me
parais trop instruit pour ignorer que du temps du Christ
aucune nation ne tombait dans le ridicule de substituer le
pluriel au singulier. On disait à César Auguste: 'Je
t'aime, je te prie, je te remercie'; il ne souffrait pas même
120 qu'on l'appelât monsieur, *dominus*. Ce ne fut que très
longtemps après lui que les hommes s'avisèrent de se
faire appeler *vous* au lieu de *tu*, comme s'ils étaient
doubles, et d'usurper les titres impertinents de Grandeur,
d'Éminence, de Sainteté, que des vers de terre donnent
125 à d'autres vers de terre, en les assurant qu'ils sont, avec
un profond respect et une fausseté infâme, leurs très
humbles et très obéissants serviteurs. C'est pour être plus
sur nos gardes contre cet indigne commerce de men-
songes et de flatteries que nous tutoyons également les rois
130 et les savetiers, que nous ne saluons personne, n'ayant
pour les hommes que de la charité, et du respect que pour
les lois.

"Nous portons aussi un habit un peu différent des
autres hommes, afin que ce soit pour nous un avertisse-
135 ment continuel de ne leur pas ressembler. Les autres
portent les marques de leurs dignités, et nous celles de
l'humilité chrétienne; nous fuyons les assemblées de
plaisir, les spectacles, le jeu, car nous serions bien à
plaindre de remplir de ces bagatelles des cœurs en qui Dieu

doit habiter; nous ne faisons jamais de serments, pas 140
même en justice; nous pensons que le nom du Très-Haut
ne doit point être prostitué dans les débats misérables des
hommes. Lorsqu'il faut que nous comparaissions devant
les magistrats pour les affaires des autres (car nous n'avons
jamais de procès), nous affirmons la vérité par un *oui* ou 145
par un *non*, et les juges nous en croient sur notre simple
parole, tandis que tant de chrétiens se parjurent sur
l'Évangile. Nous n'allons jamais à la guerre: ce n'est pas
que nous craignions la mort; au contraire, nous bénissons
le moment qui nous unit à l'Être des êtres; mais c'est que 150
nous ne sommes ni loups, ni tigres, ni dogues, mais
hommes, mais chrétiens. Notre Dieu, qui nous a ordonné
d'aimer nos ennemis et de souffrir sans murmure, ne
veut pas sans doute que nous passions la mer pour aller
égorger nos frères parce que des meurtriers vêtus de 155
rouge, avec un bonnet haut de deux pieds, enrôlent des
citoyens en faisant du bruit avec deux petits bâtons sur
une peau d'âne bien tendue. Et lorsque, après des batailles
gagnées, tout Londres brille d'illuminations, que le ciel
est enflammé de fusées, que l'air retentit de bruit des 160
actions de grâces, des cloches, des orgues, des canons,
nous gémissons en silence sur ces meurtres qui causent
la publique allégresse."

SECONDE LETTRE

SUR LES QUAKERS

TELLE fut à peu près la conversation que j'eus avec cet homme singulier; mais je fus bien plus surpris
5 quand, le dimanche suivant, il me mena à l'église des quakers. Ils ont plusieurs chapelles à Londres: celle où j'allai est près de ce fameux pilier qu'on appelle *le Monument*. On était déjà assemblé lorsque j'entrai avec mon conducteur. Il y avait environ quatre cents hommes
10 dans l'église, et trois cents femmes: les femmes se cachaient le visage avec leur éventail; les hommes étaient couverts de leurs larges chapeaux; tous étaient assis, tous dans un profond silence. Je passai au milieu d'eux sans qu'un seul levât les yeux sur moi. Ce silence dura un quart
15 d'heure. Enfin un d'eux se leva, ôta son chapeau, et, après quelques grimaces et quelques soupirs, débita, moitié avec la bouche, moitié avec le nez, un galimatias tiré de l'Évangile, à ce qu'il croyait, où ni lui ni personne n'entendait rien. Quand ce faiseur de contorsions eut
20 fini son beau monologue, et que l'Assemblée se fut séparée tout édifiée et toute stupide, je demandai à mon homme pourquoi les plus sages d'entre eux souffraient de pareilles sottises. "Nous sommes obligés de les tolérer, me dit-il, parce que nous ne pouvons pas savoir si un
25 homme qui se lève pour parler sera inspiré par l'esprit ou par la folie; dans le doute, nous écoutons tout patiemment, nous permettons même aux femmes de parler. Deux ou trois de nos dévotes se trouvent souvent inspirées à la fois, et c'est alors qu'il se fait un beau bruit
30 dans la maison du Seigneur. — Vous n'avez donc point de prêtres? lui dis-je. — Non, mon ami, dit le quaker, et nous nous en trouvons bien. A Dieu ne plaise que nous osions ordonner à quelqu'un de recevoir le Saint-Esprit le dimanche, à l'exclusion des autres fidèles! Grâce au
35 Ciel, nous sommes les seuls sur la terre qui n'ayons point de prêtres. Voudrais-tu nous ôter une distinction si

heureuse? Pourquoi abandonnerions-nous notre enfant
à des nourrices mercenaires, quand nous avons du lait à
lui donner? Ces mercenaires domineraient bientôt dans
la maison, et opprimeraient la mère et l'enfant. Dieu a 40
dit: 'Vous avez reçu *gratis*, donnez *gratis*.' Irons-nous,
après cette parole, marchander l'Évangile, vendre l'Esprit-
Saint, et faire d'une assemblée de chrétiens une boutique
de marchands? Nous ne donnons point d'argent à des
hommes vêtus de noir pour assister nos pauvres, pour 45
enterrer nos morts, pour prêcher les fidèles: ces saints
emplois nous sont trop chers pour nous en décharger sur
d'autres.

— Mais comment pouvez-vous discerner, insistai-je, si
c'est l'esprit de Dieu qui vous anime dans vos discours? 50
— Quiconque, dit-il, priera Dieu de l'éclairer, et qui
annoncera des vérités évangéliques qu'il sentira, que
celui-là soit sûr que Dieu l'inspire." Alors il m'accabla
de citations de l'Écriture qui démontraient, selon lui,
qu'il n'y a point de christianisme sans une révélation 55
immédiate, et il ajouta ces paroles remarquables: "Quand
tu fais mouvoir un de tes membres, est-ce ta propre force
qui le remue? Non, sans doute, car ce membre a souvent
des mouvements involontaires. C'est donc celui qui a
créé ton corps qui meut ce corps de terre. Et les idées 60
que reçoit ton âme, est-ce toi qui les formes? Encore
moins, car elles viennent malgré toi. C'est donc le
Créateur de ton âme qui te donne tes idées; mais, comme
il a laissé à ton cœur la liberté, il donne à ton esprit les
idées que ton cœur mérite. Tu vis dans Dieu, tu agis, 65
tu penses dans Dieu: tu n'as donc qu'à ouvrir les yeux
à cette lumière qui éclaire tous les hommes, alors tu
verras la vérité et la feras voir. — Eh! voilà le Père Malebranche tout pur! m'écriai-je. — Je connais ton Malebranche, dit-il, il était un peu quaker, mais il ne l'était 70
pas assez." Ce sont là les choses les plus importantes que
j'ai apprises touchant la doctrine des quakers. Dans la
première lettre, vous aurez leur histoire, que vous
trouverez encore plus singulière que leur doctrine.

SUR LES QUAKERS

V OUS avez déjà vu que les quakers datent depuis
Jésus-Christ, qui fut, selon eux, le premier quaker.
5 "La religion, disent-ils, fut corrompue presque après sa
mort, et resta dans cette corruption environ seize cents
années ; mais il y avait toujours quelques quakers cachés
dans le monde, qui prenaient soin de conserver le feu
sacré éteint partout ailleurs, jusqu'à ce qu'enfin cette
10 lumière s'étendit en Angleterre en l'an 1642."
Ce fut dans le temps que trois ou quatre sectes déchiraient la Grande-Bretagne par des guerres civiles
entreprises au nom de Dieu qu'un nommé George Fox,
du comté de Leicester, fils d'un ouvrier en soie, s'avisa
15 de prêcher en vrai apôtre, à ce qu'il prétendait, c'est-à-
dire sans savoir ni lire ni écrire. C'était un jeune homme
de vingt-cinq ans, de mœurs irréprochables, et saintement fou. Il était vêtu de cuir depuis les pieds jusqu'à
la tête ; il allait de village en village, criant contre la guerre
20 et contre le clergé. S'il n'avait prêché que contre les gens
de guerre, il n'avait rien à craindre ; mais il attaquait les
gens d'église : il fut bientôt mis en prison. On le mena
à Derby devant le juge de paix. Fox se présenta au juge
avec son bonnet de cuir sur la tête. Un sergent lui donna
25 un grand soufflet, en lui disant : "Gueux, ne sais-tu pas
qu'il faut paraître nu-tête devant monsieur le juge ?" Fox
tendit l'autre joue, et pria le sergent de vouloir bien lui
donner un autre soufflet pour l'amour de Dieu. Le juge
de Derby voulut lui faire prêter serment avant de l'in-
30 terroger : "Mon ami, sache, dit-il au juge, que je ne
prends jamais le nom de Dieu en vain." Le juge, voyant
que cet homme le tutoyait, l'envoya aux Petites-Maisons
de Derby pour y être fouetté. George Fox alla, en louant
Dieu, à l'hôpital des fous, où l'on ne manqua pas
35 d'exécuter à la rigueur la sentence du juge. Ceux qui lui

infligèrent la pénitence du fouet furent bien surpris
quand il les pria de lui appliquer encore quelques coups
de verges pour le bien de son âme. Ces messieurs ne se
firent pas prier: Fox eut sa double dose, dont il les
remercia très cordialement. Il se mit à les prêcher; 40
d'abord on rit, ensuite on l'écouta; et, comme l'enthousiasme est une maladie qui se gagne, plusieurs furent
persuadés, et ceux qui l'avaient fouetté devinrent ses
premiers disciples.

Délivré de sa prison, il courut les champs avec une 45
douzaine de prosélytes, prêchant toujours contre le clergé,
et fouetté de temps en temps. Un jour, étant mis au
pilori, il harangua tout le peuple avec tant de force qu'il
convertit une cinquantaine d'auditeurs, et mit le reste
tellement dans ses intérêts qu'on le tira en tumulte de 50
trou où il était; on alla chercher le curé anglican dont le
crédit avait fait condamner Fox à ce supplice, et on le
piloria à sa place.

Il osa bien convertir quelques soldats de Cromwell,
qui quittèrent le métier des armes et refusèrent de prêter 55
le serment. Cromwell ne voulait pas d'une secte où
l'on ne se battait point. Il se servit de son pouvoir
pour persécuter ces nouveaux venus. On en remplissait
les prisons; mais les persécutions ne servent presque
jamais qu'à faire des prosélytes. Ils sortaient des 60
prisons affermis dans leur créance et suivis de leurs
geôliers, qu'ils avaient convertis. Mais voici ce qui con-
tribua le plus à étendre la secte. Fox se croyait inspiré.
Il crut par conséquent devoir parler d'une manière
différente des autres hommes. Il se mit à trembler, à 65
faire des contorsions et des grimaces, à retenir son haleine,
à la pousser avec violence: la prêtresse de Delphes n'eût
pas mieux fait. En peu de temps il acquit une grande
habitude d'inspiration, et bientôt après il ne fut plus
guère en son pouvoir de parler autrement. Ce fut ce 70
premier don qu'il communiqua à ses disciples. Ils firent
de bonne foi toutes les grimaces de leur maître; ils

tremblaient de toutes leurs forces au moment de l'inspiration. De là ils eurent le nom de *quakers*, qui signifie
75 *trembleurs*. Le petit peuple s'amusait à les contrefaire.
On tremblait, on parlait du nez, on avait des convulsions,
et on croyait avoir le Saint-Esprit. Il leur fallait quelques
miracles, ils en firent.

Le patriarche Fox dit publiquement à un juge de paix,
80 en présence d'une grande assemblée : "Ami, prends garde
à toi, Dieu te punira bientôt de persécuter les saints."
Ce juge était un ivrogne qui buvait tous les jours trop de
mauvaise bière et d'eau-de-vie : il mourut d'apoplexie
deux jours après, précisément comme il venait de signer
85 un ordre pour envoyer quelques quakers en prison.
Cette mort soudaine ne fut point attribuée à l'intempérance de juge : tout le monde la regarda comme un
effet des prédictions du saint homme.

Cette mort fit plus de quakers que mille sermons et
90 autant de convulsions n'en auraient pu faire. Cromwell,
voyant que leur nombre augmentait tous les jours, voulut
les attirer à son parti : il leur fit offrir de l'argent, mais ils
furent incorruptibles ; et il dit un jour que cette religion
était la seule contre laquelle il n'avait pu prévaloir avec
95 des guinées.

Ils furent quelquefois persécutés sous Charles II, non
pour la religion, mais pour ne vouloir pas payer les dîmes
au clergé, pour tutoyer les magistrats et refuser de prêter
les serments prescrits par la loi.
100   Enfin Robert Barclay, Écossais, présenta au roi, en
1675, son *Apologie des quakers*, ouvrage aussi bon qu'il
pouvait l'être. L'épître dédicatoire à Charles II contient
non de basses flatteries, mais des vérités hardies et des
conseils justes. "Tu as goûté, dit-il à Charles à la fin de
105 cette épître, de la douceur et de l'amertume, de la pros-
périté et des plus grands malheurs ; tu as été chassé des
pays où tu règnes ; tu as senti le poids de l'oppression, et
tu dois savoir combien l'oppresseur est détestable devant
Dieu et devant les hommes ; que si, après tant d'épreuves

et de bénédictions, ton cœur s'endurcissait et oubliait le 110
Dieu qui s'est souvenu de toi dans tes disgrâces, ton crime
en serait plus grand, et ta condamnation plus terrible.
Au lieu donc d'écouter les flatteurs de ta cour, écoute la
voix de ta conscience, qui ne te flattera jamais. Je suis
ton fidèle ami et sujet Barclay."   115

Ce qui est plus étonnant, c'est que cette lettre, écrite
à un roi par un particulier obscur, eut son effet, et la
persécution cessa.

QUATRIÈME LETTRE

SUR LES QUAKERS

ENVIRON ce temps parut l'illustre Guillaume Penn,
qui établit la puissance des quakers en Amérique, et
5 qui les aurait rendus respectables en Europe si les hommes
pouvaient respecter la vertu sous des apparences ridicules :
il était fils unique du chevalier Penn, vice-amiral d'Angleterre, et favori du duc d'York, depuis Jacques II.

Guillaume Penn, à l'âge de quinze ans, rencontra un
10 quaker à Oxford, où il faisait ses études ; ce quaker le
persuada, et le jeune homme, qui était vif, naturellement
éloquent, et qui avait de la noblesse dans sa physionomie
et dans ses manières, gagna bientôt quelques-uns de ses
camarades. Il établit insensiblement une société de jeunes
15 quakers qui s'assemblaient chez lui ; de sorte qu'il se
trouva chef de secte à l'âge de seize ans.

De retour chez le vice-amiral son père au sortir du
collège, au lieu de se mettre à genoux devant lui et de lui
demander sa bénédiction, selon l'usage des Anglais, il
20 l'aborda le chapeau sur la tête, et lui dit : " Je suis fort
aise, l'ami, de te voir en bonne santé." Le vice-amiral
crut que son fils était devenu fou ; il s'aperçut bientôt qu'il
était quaker. Il mit en usage tous les moyens que la
prudence humaine peut employer pour l'engager à vivre
25 comme un autre ; le jeune homme ne répondit à son père
qu'en l'exhortant à se faire quaker lui-même.

Enfin le père se relâcha à ne lui demander autre chose
sinon qu'il allât voir le roi et le duc d'York le chapeau
sous le bras, et qu'il ne les tutoyât point. Guillaume
30 répondit que sa conscience ne le lui permettait pas, et le
père, indigné et au désespoir, le chassa de sa maison. Le
jeune Penn remercia Dieu de ce qu'il souffrait déjà pour
sa cause : il alla prêcher dans la Cité, il y fit beaucoup de
prosélytes.
35 Les prêches des ministres s'éclaircissaient tous les jours,

et, comme Penn était jeune, beau et bien fait, les femmes
de la cour et de la ville accouraient dévotement pour
l'entendre. Le patriarche George Fox vint, du fond de
l'Angleterre, le voir à Londres sur sa réputation; tous
deux résolurent de faire des missions dans les pays 40
étrangers. Ils s'embarquèrent pour la Hollande, après
avoir laissé des ouvriers en assez bon nombre pour avoir
soin de la vigne de Londres. Leurs travaux eurent un
heureux succès à Amsterdam; mais ce qui leur fit le plus
d'honneur, et ce qui mit le plus leur humilité en danger, 45
fut la réception que leur fit la princesse palatine Élisabeth,
tante de George Ier, roi d'Angleterre, femme illustre par
son esprit et par son savoir, et à qui Descartes avait dédié
son roman de philosophie.

Elle était alors retirée à La Haye, où elle vit ces *amis*, 50
car c'est ainsi qu'on appelait alors les quakers en Hollande;
elle eut plusieurs conférences avec eux; ils prêchèrent
souvent chez elle, et, s'ils ne firent pas d'elle une parfaite
quakeresse, ils avouèrent au moins qu'elle n'était pas loin
du royaume des cieux.   55

Les *amis* semèrent aussi en Allemagne, mais ils re-
cueillirent peu. On ne goûta pas la mode de tutoyer dans
un pays où il faut toujours avoir à la bouche les termes
d'*Altesse* et d'*Excellence*. Penn repassa bientôt en Angleterre, sur la nouvelle de la maladie de son père; il vint 60
recueillir ses derniers soupirs. Le vice-amiral se réconcilia
avec lui, et l'embrassa avec tendresse, quoiqu'il fût d'une
différente religion. Guillaume l'exhorta en vain à ne
point recevoir le sacrement, et à mourir quaker; et le
vieux bonhomme recommanda inutilement à Guillaume 65
d'avoir des boutons sur ses manches et des ganses à son
chapeau.

Guillaume hérita de grands biens, parmi lesquels il se
trouvait des dettes de la couronne pour des avances faites
par le vice-amiral dans des expéditions maritimes. Rien 70
n'était moins assuré alors que l'argent dû par le roi : Penn
fut obligé d'aller tutoyer Charles II et ses ministres plus

d'une fois pour son payement. Le gouvernement lui
donna, en 1680, au lieu d'argent, la propriété et la sou-
75 veraineté d'une province d'Amérique, au sud de Maryland : voilà un quaker devenu souverain. Il partit pour
ses nouveaux États avec deux vaisseaux chargés de
quakers qui le suivirent. On appela dès lors le pays
Pensylvanie, du nom de Penn ; il y fonda la ville de
80 *Philadelphie*, qui est aujourd'hui très florissante. Il commença par faire une ligue avec les Américains ses voisins :
c'est le seul traité entre ces peuples et les chrétiens qui
n'ait point été juré et qui n'ait point été rompu. Le
nouveau souverain fut aussi le législateur de la Pen-
85 sylvanie : il donna des lois très sages, dont aucune n'a été
changée depuis lui. La première est de ne maltraiter
personne au sujet de la religion, et de regarder comme
frères tous ceux qui croient un Dieu.
   A peine eut-il établi son gouvernement que plusieurs
90 marchands de l'Amérique vinrent peupler cette colonie.
Les naturels du pays, au lieu de fuir dans les forêts,
s'accoutumèrent insensiblement avec les pacifiques
quakers : autant ils détestaient les autres chrétiens conquérants et destructeurs de l'Amérique, autant ils aimaient
95 ces nouveaux venus. En peu de temps un grand nombre
de ces prétendus sauvages, charmés de la douceur de ces
voisins, vinrent en foule demander à Guillaume Penn de
les recevoir au nombre de ses vassaux. C'était un
spectacle bien nouveau qu'un souverain que tout le monde
100 tutoyait, et à qui on parlait le chapeau sur la tête, un
gouvernement sans prêtres, un peuple sans armes, des
citoyens tous égaux, à la magistrature près, et des voisins
sans jalousie.
   Guillaume Penn pouvait se vanter d'avoir apporté sur
105 la terre l'âge d'or dont on parle tant, et qui n'a vraisem-
blablement existé qu'en Pensylvanie. Il revint en Angleterre pour les affaires de son nouveau pays, après la mort
de Charles II. Le roi Jacques, qui avait aimé son père,
eut la même affection pour le fils, et ne le considéra plus

comme un sectaire obscur, mais comme un très grand 110
homme. La politique du roi s'accordait en cela avec son
goût: il avait envie de flatter les quakers, en abolissant les
lois faites contre les non-conformistes, afin de pouvoir
introduire la religion catholique à la faveur de cette
liberté. Toutes les sectes d'Angleterre virent le piège, et 115
ne s'y laissèrent pas prendre. Elles sont toujours réunies
contre le catholicisme, leur ennemi commun. Mais Penn
ne crut pas devoir renoncer à ses principes pour favoriser
des protestants qui le haïssaient contre un roi qui l'aimait.
Il avait établi la liberté de conscience en Amérique, il 120
n'avait pas envie de vouloir paraître la détruire en Europe;
il demeura donc fidèle à Jacques II, au point qu'il fut
généralement accusé d'être jésuite. Cette calomnie
l'affligea sensiblement; il fut obligé de s'en justifier par
des écrits publics. Cependant le malheureux Jacques II, 125
qui, comme presque tous les Stuarts, était un composé
de grandeur et de faiblesse, et qui, comme eux, en fit trop
et trop peu, perdit son royaume, sans qu'on pût dire
comment la chose arriva.

Toutes les sectes anglaises reçurent de Guillaume III 130
et de son parlement cette même liberté qu'elles n'avaient
pas voulu tenir des mains de Jacques. Ce fut alors que
les quakers commencèrent à jouir, par la force des lois,
de tous les privilèges dont ils sont en possession aujour-
d'hui. Penn, après avoir vu enfin sa secte établie sans 135
contradiction dans le pays de sa naissance, retourna en
Pensylvanie. Les siens et les Américains le reçurent avec
des larmes de joie, comme un père qui revenait voir ses
enfants. Toutes ses lois avaient été religieusement observées pendant son absence, ce qui n'était arrivé à aucun 140
législateur avant lui. Il resta quelques années à Philadelphie; il en partit enfin malgré lui pour aller solliciter
à Londres des avantages nouveaux en faveur du commerce des Pensylvains. Il vécut depuis à Londres jusqu'à
une extrême vieillesse, considéré comme le chef d'un 145
peuple et d'une religion. Il n'est mort qu'en 1718.

On conserva à ses descendants la propriété et le gouvernement de la Pensylvanie, et ils vendirent au roi le gouvernement pour douze mille pièces. Les affaires
150 du roi ne lui permirent d'en payer que mille. Un lecteur français croira peut-être que le ministère paya le reste en promesses et s'empara toujours du gouvernement; point du tout: la couronne n'ayant pu satisfaire dans le temps marqué au payement de la somme entière, le contrat fut
155 déclaré nul, et la famille de Penn rentra dans ses droits.

Je ne puis deviner quel sera le sort de la religion des quakers en Amérique; mais je vois qu'elle dépérit tous les jours à Londres. Par tout pays, la religion dominante, quand elle ne persécute point, engloutit à la longue toutes
160 les autres. Les quakers ne peuvent être membres du parlement, ni posséder aucun office, parce qu'il faudrait prêter serment, et qu'ils ne veulent point jurer. Ils sont réduits à la nécessité de gagner de l'argent par le commerce; leurs enfants, enrichis par l'industrie de leurs
165 pères, veulent jouir, avoir des honneurs, des boutons et des manchettes; ils sont honteux d'être appelés quakers, et se font protestants pour être à la mode.

SUR LA RELIGION ANGLICANE

C'EST ici le pays des sectes. Un Anglais, comme homme libre, va au ciel par le chemin qui lui plaît. Cependant, quoique chacun puisse ici servir Dieu à sa 5 mode, leur véritable religion, celle où l'on fait fortune, est la secte des épiscopaux, appelée l'*Église anglicane*, ou l'*Église* par excellence. On ne peut avoir d'emploi ni en Angleterre ni en Irlande sans être du nombre des fidèles anglicans ; cette raison, qui est une excellente preuve, a 10 converti tant de non-conformistes qu'aujourd'hui il n'y a pas la vingtième partie de la nation qui soit hors du giron de l'Église dominante.

Le clergé anglican a retenu beaucoup des cérémonies catholiques, et surtout celle de recevoir les dîmes avec 15 une attention très scrupuleuse. Ils ont aussi la pieuse ambition d'être les maîtres.

De plus, ils fomentent autant qu'ils peuvent dans leurs ouailles un saint zèle contre les non-conformistes. Ce zèle était assez vif sous le gouvernement des Torys dans 20 les dernières années de la reine Anne ; mais il ne s'étendait pas plus loin qu'à casser quelquefois les vitres des chapelles hérétiques : car la rage des sectes a fini en Angleterre avec les guerres civiles, et ce n'était plus, sous la reine Anne, que les bruits sourds d'une mer encore 25 agitée longtemps après la tempête. Quand les Whigs et les Torys déchirèrent leur pays comme autrefois les Guelfes et les Gibelins désolèrent l'Italie, il fallut bien que la religion entrât dans les partis. Les Torys étaient pour l'épiscopat, les Whigs le voulaient abolir ; mais ils se sont 30 contentés de l'abaisser quand ils ont été les maîtres.

Du temps que le comte Harley d'Oxford et milord Bolingbroke faisaient boire à la santé des Torys, l'Église anglicane les regardait comme les défenseurs de ses saints privilèges. L'assemblée du bas clergé, qui est une espèce 35

de chambre des communes composée d'ecclésiastiques,
avait alors quelque crédit; elle jouissait au moins de la
liberté de s'assembler, de raisonner de controverse et de
faire brûler de temps en temps quelques livres impies,
40 c'est-à-dire écrits contre elle. Le ministère, qui est Whig
aujourd'hui, ne permet pas seulement à ces messieurs de
tenir leur assemblée; ils sont réduits, dans l'obscurité de
leur paroisse, au triste emploi de prier Dieu pour le
gouvernement, qu'ils ne seraient pas fâchés de troubler.
45 Quant aux évêques, qui sont vingt-six en tout, ils ont
séance dans la chambre haute, en dépit des Whigs, parce
que le vieil abus de les regarder comme barons subsiste
encore, mais ils n'ont pas plus de pouvoir dans la chambre
que les ducs et pairs dans le parlement de Paris. Il y a
50 une clause dans le serment que l'on prête à l'État,
laquelle exerce bien la patience chrétienne de ces messieurs.

On y promet d'être de l'Église, comme elle est établie
par la loi. Il n'y a guère d'évêque, de doyen, d'archi-
55 prêtre, qui ne pense être de droit divin: c'est donc un
grand sujet de mortification pour eux d'être obligés
d'avouer qu'ils tiennent tout d'une misérable loi faite par
des profanes laïques. Un religieux (le Père Courayer) a
écrit depuis peu un livre pour prouver la validité et la
60 succession des ordinations anglicanes. Cet ouvrage a été
proscrit en France; mais croyez-vous qu'il ait plu au
ministère d'Angleterre? Point du tout. Ces maudits
Whigs se soucient très peu que la succession épiscopale
ait été interrompue chez eux ou non, et que l'évêque
65 Parker ait été consacré dans un cabaret (comme on le
veut) ou dans une église; ils aiment mieux même que les
évêques tirent leur autorité du parlement plutôt que des
apôtres. Le lord B. dit que cette idée de droit divin ne
servirait qu'à faire des tyrans en camail et en rochet, mais
70 que la loi fait des citoyens.

A l'égard des mœurs, le clergé anglican est plus réglé
que celui de France: et en voici la cause. Tous les ecclé-

siastiques sont élevés dans l'université d'Oxford ou dans celle de Cambridge, loin de la corruption de la capitale; ils ne sont appelés aux dignités de l'Église que très tard, 75 et dans un âge où les hommes n'ont d'autres passions que l'avarice, lorsque leur ambition manque d'aliment. Les emplois sont ici la récompense des longs services dans l'Église aussi bien que dans l'armée; on n'y voit point de jeunes gens évêques ou colonels au sortir du collège. 80 De plus, les prêtres sont presque tous mariés. La mauvaise grâce contractée dans l'université, et le peu de commerce qu'on a ici avec les femmes, font que d'ordinaire un évêque est forcé de se contenter de la sienne. Les prêtres vont quelquefois au cabaret, parce que l'usage le 85 leur permet; et, s'ils s'enivrent, c'est sérieusement et sans scandale.

Cet être indéfinissable, qui n'est ni ecclésiastique ni séculier, en un mot ce que l'on appelle *un abbé*, est une espèce inconnue en Angleterre; les ecclésiastiques sont 90 tous ici réservés et presque tous pédants. Quand ils apprennent qu'en France de jeunes gens connus par leurs débauches, et élevés à la prélature par des intrigues de femmes, font publiquement l'amour, s'égayent à composer des chansons tendres, donnent tous les jours des 95 soupers délicats et longs, et de là vont implorer les lumières du Saint-Esprit et se nomment hardiment les successeurs des apôtres, ils remercient Dieu d'être protestants. Mais ce sont de vilains hérétiques à brûler à tous les diables, comme dit maître François Rabelais; 100 c'est pourquoi je ne me mêle pas de leurs affaires.

SIXIÈME LETTRE

SUR LES PRESBYTÉRIENS

LA religion anglicane ne s'étend qu'en Angleterre et en Irlande. Le presbytérianisme est la religion
5 dominante en Écosse. Ce presbytérianisme n'est autre chose que le calvinisme pur, tel qu'il avait été établi en France et qu'il subsiste à Genève. Comme les prêtres de cette secte ne reçoivent de leurs églises que des gages très médiocres, et que par conséquent ils ne peuvent vivre
10 dans le même luxe que les évêques, ils ont pris le parti naturel de crier contre des honneurs où ils ne peuvent atteindre. Figurez-vous l'orgueilleux Diogène qui foulait aux pieds l'orgueil de Platon : les presbytériens d'Écosse ne ressemblent pas mal à ce fier et gueux raisonneur. Ils
15 traitèrent le roi Charles II avec bien moins d'égards que Diogène n'avait traité Alexandre. Car, lorsqu'ils prirent les armes pour lui contre Cromwell, qui les avait trompés, ils firent essuyer à ce pauvre roi quatre sermons par jour; ils lui défendaient de jouer, ils le mettaient en pénitence,
20 si bien que Charles se lassa bientôt d'être roi de ces pédants, et s'échappa de leurs mains comme un écolier se sauve du collège.

Devant un jeune et vif bachelier français, criaillant le matin dans les écoles de théologie et le soir chantant avec
25 les dames, un théologien anglican est un Caton ; mais ce Caton paraît un galant devant un presbytérien d'Écosse. Ce dernier affecte une démarche grave, un air fâché, porte un vaste chapeau, un long manteau par-dessus un habit court, prêche du nez et donne le nom de *la prostituée*
30 *de Babylone* à toutes les Églises où quelques ecclésiastiques sont assez heureux pour avoir cinquante mille livres de rente, et où le peuple est assez bon pour le souffrir et pour les appeler *Monseigneur, Votre Grandeur, Votre Éminence.*
35 Ces messieurs, qui ont aussi quelques églises en Angle-

terre, ont mis les airs graves et sévères à la mode en ce
pays. C'est à eux qu'on doit la sanctification du dimanche
dans les trois royaumes; il est défendu ce jour-là de
travailler et de se divertir, ce qui est le double de la
sévérité des églises catholiques: point d'opéra, point de 40
comédie, point de concerts, à Londres le dimanche; les
cartes même y sont si expressément défendues qu'il n'y
a que les personnes de qualité et ce qu'on appelle les
honnêtes gens qui jouent ce jour-là. Le reste de la nation
va au sermon ou au cabaret.   45

Quoique la secte épiscopale et la presbytérienne soient
les deux dominantes dans la Grande-Bretagne, toutes les
autres y sont bien venues et vivent toutes assez bien ensemble, pendant que la plupart de leurs prédicants se
détestent réciproquement, avec presque autant de cor- 50
dialité qu'un janséniste damne un jésuite.

Entrez dans la Bourse de Londres, cette place plus
respectable que bien des cours: vous y voyez rassemblés
les députés de toutes les nations pour l'utilité des hommes.
Là, le juif, le mahométan et le chrétien traitent l'un avec 55
l'autre comme s'ils étaient de la même religion, et ne
donnent le nom d'infidèles qu'à ceux qui font ban-
queroute; là, le presbytérien se fie à l'anabaptiste et
l'anglican reçoit la promesse du quaker. Au sortir de ces
pacifiques et libres assemblées, les uns vont à la syna- 60
gogue, les autres vont boire; celui-ci va se faire baptiser
dans une grande cuve au nom du Père, par le Fils, au
Saint-Esprit; celui-là fait marmotter sur l'enfant des
paroles hébraïques qu'il n'entend point; ces autres vont
dans leur église attendre l'inspiration de Dieu leur 65
chapeau sur la tête, et tous sont contents.

S'il n'y avait en Angleterre qu'une religion, le des-
potisme serait à craindre; s'il y en avait deux, elles se
couperaient la gorge; mais il y en a trente, et elles vivent
en paix et heureuses.   70

SUR LES SOCINIENS, OU ARIENS,
OU ANTI-TRINITAIRES

5 IL y a ici une petite secte composée d'ecclésiastiques et de quelques séculiers très savants, qui ne prennent ni le nom d'ariens ni celui de sociniens, mais qui ne sont point du tout de l'avis de saint Athanase sur le chapitre de la Trinité, et qui vous disent nettement que le Père est plus grand que le Fils.

10   Vous souvenez-vous d'un certain évêque orthodoxe qui, pour convaincre un empereur de la consubstantiation, s'avisa de prendre le fils de l'empereur sous le menton, et de lui tirer le nez en présence de Sa sacrée Majesté? L'empereur allait se fâcher contre l'évêque, quand le bon-

15 homme lui dit ces belles et convaincantes paroles: "Seigneur, si Votre Majesté est en colère de ce que l'on manque de respect à son fils, comment pensez-vous que Dieu le Père traitera ceux qui refusent à Jésus-Christ les titres qui lui sont dus?" Les gens dont je vous parle

20 disent que le saint évêque était fort malavisé, que son argument n'était rien moins que concluant, et que l'empereur devait lui répondre: "Apprenez qu'il y a deux façons de manquer de respect: la première, de ne rendre pas assez d'honneur à mon fils, et la seconde, de lui en

25 rendre autant qu'à moi."

   Quoi qu'il en soit, le parti d'Arius commence à revivre en Angleterre aussi bien qu'en Hollande et en Pologne. Le grand M. Newton faisait à cette opinion l'honneur de la favoriser. Ce philosophe pensait que les unitaires

30 raisonnaient plus géométriquement que nous. Mais le plus ferme patron de la doctrine arienne est l'illustre docteur Clarke. Cet homme est d'une vertu rigide et d'un caractère doux, plus amateur de ses opinions que passionné pour faire des prosélytes, uniquement occupé

35 de calculs et de démonstrations, une vraie machine à raisonnements.

   C'est lui qui est l'auteur d'un livre assez peu entendu,

mais estimé, sur l'existence de Dieu, et d'un autre, plus
intelligible, mais assez méprisé, sur la vérité de la religion
chrétienne.   40
    Il ne s'est point engagé dans de belles disputes
scolastiques, que notre ami... appelle de vénérables
billevesées; il s'est contenté de faire imprimer un livre
qui contient tous les témoignages des premiers siècles
pour et contre les unitaires, et a laissé au lecteur le soin 45
de compter les voix et de juger. Ce livre du docteur lui
a attiré beaucoup de partisans, mais l'a empêché d'être
archevêque de Cantorbéry; je crois que le docteur s'est
trompé dans son calcul, et qu'il valait mieux être primat
d'Angleterre que curé arien.   50
    Vous voyez quelles révolutions arrivent dans les
opinions comme dans les empires. Le parti d'Arius,
après trois cents ans de triomphe et douze siècles d'oubli,
renaît enfin de sa cendre; mais il prend très mal son temps
de reparaître dans un âge où le monde est rassasié de 55
disputes et de sectes; celle-ci est encore trop petite pour
obtenir la liberté des assemblées publiques; elle l'ob-
tiendra sans doute si elle devient plus nombreuse; mais
on est si tiède à présent sur tout cela qu'il n'y a plus guère
de fortune à faire pour une religion nouvelle ou renouvelée. 60
N'est-ce pas une chose plaisante que Luther, Calvin,
Zwingle, tous écrivains qu'on ne peut lire, aient fondé
des sectes qui partagent l'Europe; que l'ignorant Mahomet ait donné une religion à l'Asie et à l'Afrique, et
que MM. Newton, Clarke, Locke, Leclerc, et les plus 65
grands philosophes et les meilleures plumes de leur temps,
aient pu à peine venir à bout d'établir un petit troupeau,
qui même diminue tous les jours?
    Voilà ce que c'est que de venir au monde à propos. Si
le cardinal de Retz reparaissait aujourd'hui, il n'ameuterait 70
pas dix femmes dans Paris.
    Si Cromwell renaissait, lui qui a fait couper la tête à
son roi et s'est fait souverain, il serait un simple marchand
de Londres.

SUR LE PARLEMENT

LES membres du parlement d'Angleterre aiment à se comparer aux anciens Romains autant qu'ils le 5 peuvent.

Il n'y a pas longtemps que M. Shipping, à la Chambre des communes, commença son discours par ces mots: *La majesté du peuple anglais serait blessée*, etc. La singularité de l'expression causa un grand éclat de rire; 10 mais, sans se déconcerter, il répéta les mêmes paroles d'un air ferme, et on ne rit plus. J'avoue que je ne vois rien de commun entre la majesté de peuple anglais et celle de peuple romain, encore moins entre leurs gouvernements; il y a un sénat à Londres dont quelques membres sont 15 soupçonnés, quoique à tort sans doute, de vendre leurs voix dans l'occasion, comme on faisait à Rome: voilà toute la ressemblance. D'ailleurs les deux nations me paraissent entièrement différentes, soit en bien, soit en mal. On n'a jamais connu chez les Romains la folie 20 horrible des guerres de religion; cette abomination était réservée à des dévots prêcheurs d'humilité et de patience. Marius et Sylla, Pompée et César, Antoine et Auguste, ne se battaient point pour décider si le *flamen* devait porter sa chemise par-dessus sa robe, ou sa robe par-dessus 25 sa chemise, et si les poulets sacrés devaient manger et boire, ou bien manger seulement, pour qu'on prît les augures. Les Anglais se sont fait pendre réciproquement à leurs assises, et se sont détruits en bataille rangée pour des querelles de pareille espèce; la secte des épiscopaux 30 et le presbytérianisme ont tourné pour un temps ces têtes sérieuses. Je m'imagine que pareille sottise ne leur arrivera plus; ils me paraissent devenir sages à leurs dépens, et je ne leur vois nulle envie de s'égorger doré-navant pour des syllogismes.

35 Voici une différence plus essentielle entre Rome et

l'Angleterre, qui met tout l'avantage du côté de la dernière : c'est que le fruit des guerres civiles à Rome a été l'esclavage, et celui des troubles d'Angleterre, la liberté. La nation anglaise est la seule de la terre qui soit parvenue à régler le pouvoir des rois en leur résistant, et qui d'efforts 40 en efforts ait enfin établi ce gouvernement sage où le prince, tout-puissant pour faire du bien, a les mains liées pour faire le mal ; où les seigneurs sont grands sans insolence et sans vassaux, et où le peuple partage le gouvernement sans confusion. 45

La Chambre des pairs et celle des communes sont les arbitres de la nation, le roi est le sur-arbitre. Cette balance manquait aux Romains ; les grands et le peuple étaient toujours en division à Rome, sans qu'il y eût un pouvoir mitoyen qui pût les accorder. Le sénat de Rome, qui 50 avait l'injuste et punissable orgueil de ne vouloir rien partager avec les plébéiens, ne connaissait d'autre secret pour les éloigner du gouvernement que de les occuper toujours dans les guerres étrangères. Il regardait le peuple comme une bête féroce qu'il fallait lâcher sur leurs voisins 55 de peur qu'elle ne dévorât ses maîtres : ainsi le plus grand défaut du gouvernement des Romains en fit des conquérants ; c'est parce qu'ils étaient malheureux chez eux qu'ils devinrent les maîtres du monde, jusqu'à ce qu'enfin leurs divisions les rendirent esclaves. 60

Le gouvernement d'Angleterre n'est point fait pour un si grand éclat, ni pour une fin si funeste ; son but n'est point la brillante folie de faire des conquêtes, mais d'empêcher que ses voisins n'en fassent ; ce peuple n'est pas seulement jaloux de sa liberté, il l'est encore de celle 65 des autres. Les Anglais étaient acharnés contre Louis XIV uniquement parce qu'ils lui croyaient de l'ambition. Ils lui ont fait la guerre de gaieté de cœur, assurément sans aucun intérêt.

Il en a coûté sans doute pour établir la liberté en 70 Angleterre : c'est dans des mers de sang qu'on a noyé l'idole du pouvoir despotique ; mais les Anglais ne croient

point avoir acheté trop cher de bonnes lois. Les autres
nations n'ont pas eu moins de troubles, n'ont pas versé
75 moins de sang qu'eux; mais ce sang qu'elles ont répandu
pour la cause de leur liberté n'a fait que cimenter leur
servitude.

Ce qui devient une révolution en Angleterre n'est
qu'une sédition dans les autres pays. Une ville prend les
80 armes pour défendre ses privilèges soit en Espagne, soit
en Barbarie, soit en Turquie: aussitôt des soldats mercenaires la subjuguent, des bourreaux la punissent, et le
reste de la nation baise ses chaînes. Les Français pensent
que le gouvernement de cette île est plus orageux que la
85 mer qui l'environne, et cela est vrai; mais c'est quand le
roi commence la tempête, c'est quand il veut se rendre
le maître du vaisseau dont il n'est que le premier pilote.
Les guerres civiles de France ont été plus longues, plus
cruelles, plus fécondes en crimes que celles d'Angleterre;
90 mais de toutes ces guerres civiles aucune n'a eu une
liberté sage pour objet.

Dans les temps détestables de Charles IX et de Henri III
il s'agissait seulement de savoir si on serait l'esclave des
Guises. Pour la dernière guerre de Paris, elle ne mérite
95 que des sifflets: il me semble que je vois des écoliers qui
se mutinent contre le préfet d'un collège, et qui finissent
par être fouettés. Le cardinal de Retz, avec beaucoup
d'esprit et de courage mal employés, rebelle sans aucun
sujet, factieux sans dessein, chef de parti sans armée,
100 cabalait pour cabaler, et semblait faire la guerre civile
pour son plaisir. Le parlement ne savait ce qu'il voulait
ni ce qu'il ne voulait pas; il levait des troupes par arrêt,
il les cassait, il menaçait, il demandait pardon, il mettait
à prix la tête du cardinal Mazarin, et ensuite venait le
105 complimenter en cérémonie. Nos guerres civiles sous
Charles VI avaient été cruelles, celles de la Ligue furent
abominables, celle de la Fronde fut ridicule.

Ce qu'on reproche le plus en France aux Anglais, c'est
le supplice de Charles Ier, qui fut traité par ses vainqueurs
110 comme il les eût traités s'il eût été heureux.

Après tout, regardez d'un côté Charles Ier vaincu en bataille rangée, prisonnier, jugé, condamné dans Westminster, et de l'autre l'empereur Henri VII empoisonné par son chapelain en communiant, Henri III assassiné par un moine, ministre de la rage de tout un parti; trente 115 assassinats médités contre Henri IV, plusieurs exécutés, et le dernier privant enfin la France de ce grand roi. Pesez ces attentats, et jugez.

SUR LE GOUVERNEMENT

CE mélange heureux dans le gouvernement d'Angleterre, ce concert entre les communes, les lords et
5 le roi, n'a pas toujours subsisté. L'Angleterre a été longtemps esclave; elle l'a été des Romains, des Saxons, des Danois, des Français. Guillaume le Conquérant surtout la gouverna avec un sceptre de fer; il disposait des biens et de la vie de ses nouveaux sujets comme un
10 monarque de l'Orient; il défendit, sous peine de mort, qu'aucun Anglais osât avoir du feu et de la lumière chez lui passé huit heures du soir, soit qu'il prétendît par là prévenir leurs assemblées nocturnes, soit qu'il voulût essayer, par une défense si bizarre, jusqu'où peut aller le
15 pouvoir d'un homme sur d'autres hommes.

Il est vrai qu'avant et après Guillaume le Conquérant les Anglais ont eu des parlements; ils s'en vantent, comme si ces assemblées, appelées alors parlements, composées de tyrans ecclésiastiques et de pillards nommés barons,
20 avaient été les gardiens de la liberté et de la félicité publique.

Les barbares qui des bords de la mer Baltique fondaient sur le reste de l'Europe apportèrent avec eux l'usage de ces états ou parlements dont on fait tant de bruit et qu'on
25 connaît si peu. Les rois alors n'étaient point despotiques, cela est vrai; mais les peuples n'en gémissaient que plus dans une servitude misérable. Les chefs de ces sauvages qui avaient ravagé la France, l'Italie, l'Espagne, l'Angleterre, se firent monarques; leurs capitaines partagèrent
30 entre eux les terres des vaincus: de là ces margraves, ces lairds, ces barons, ces sous-tyrans, qui disputaient souvent avec leur roi les dépouilles des peuples. C'étaient des oiseaux de proie combattant contre un aigle pour sucer le sang des colombes; chaque peuple avait cent
35 tyrans au lieu d'un maître. Les prêtres se mirent bientôt

de la partie. De tout temps le sort des Gaulois, des Germains, des insulaires d'Angleterre, avait été d'être gouvernés par leurs druides et par les chefs de leurs villages, ancienne espèce de barons, mais moins tyrans que leurs successeurs. Ces druides se disaient médiateurs 40 entre la divinité et les hommes; ils faisaient des lois, ils excommuniaient, ils condamnaient à la mort. Les évêques succédèrent peu à peu à leur autorité temporelle dans le gouvernement goth et vandale. Les papes se mirent à leur tête, et, avec des brefs, des bulles et des moines, 45 firent trembler les rois, les déposèrent, les firent assassiner, et tirèrent à eux tout l'argent qu'ils purent de l'Europe. L'imbécile Ina, l'un des tyrans de l'heptarchie d'Angleterre, fut le premier qui, dans un pèlerinage à Rome, se soumit à payer le denier de saint Pierre (ce qui était 50 environ un écu de notre monnaie) pour chaque maison de son territoire. Toute l'île suivit bientôt cet exemple: l'Angleterre devint petit à petit une province du pape; le saint-père y envoyait de temps en temps ses légats pour y lever des impôts exorbitants. Jean sans Terre fit enfin 55 une cession en bonne forme de son royaume à Sa Sainteté, qui l'avait excommunié; et les barons, qui n'y trouvèrent pas leur compte, chassèrent ce misérable roi; ils mirent à sa place Louis VIII, père de saint Louis, roi de France; mais ils se dégoûtèrent bientôt de ce nouveau venu et lui 60 firent repasser la mer.

Tandis que les barons, les évêques, les papes, déchiraient ainsi l'Angleterre, où tous voulaient commander, le peuple, la plus nombreuse, la plus vertueuse même, et par conséquent la plus respectable partie des hommes, 65 composée de ceux qui étudient les lois et les sciences, des négociants, des artisans, en un mot de tout ce qui n'était point tyran; le peuple, dis-je, était regardé par eux comme des animaux au-dessous de l'homme. Il s'en fallait bien que les communes eussent alors part au 70 gouvernement: c'étaient des vilains; leur travail, leur sang, appartenaient à leurs maîtres, qui s'appelaient

nobles. Le plus grand nombre des hommes était en
Europe ce qu'ils sont encore en plusieurs endroits du
75 monde, serfs d'un seigneur, espèce de bétail qu'on vend
et qu'on achète avec la terre. Il a fallu des siècles pour
rendre justice à l'humanité, pour sentir qu'il était horrible
que le grand nombre semât et que le petit nombre re-
cueillît; et n'est-ce pas un bonheur pour le genre humain
80 que l'autorité de ces petits brigands ait été éteinte en
France par la puissance légitime de nos rois, et en Angleterre par la puissance légitime des rois et du peuple?

Heureusement, dans les secousses que les querelles des
rois et des grands donnaient aux empires, les fers des
85 nations se sont plus ou moins relâchés; la liberté est née
en Angleterre des querelles des tyrans; les barons
forcèrent Jean sans Terre et Henri III à accorder cette
fameuse charte, dont le principal but était à la vérité de
mettre les rois dans la dépendance des lords, mais dans
90 laquelle le reste de la nation fut un peu favorisé, afin que
dans l'occasion elle se rangeât du parti de ses prétendus
protecteurs. Cette grande charte, qui est regardée comme
l'origine sacrée des libertés anglaises, fait bien voir elle-
même combien peu la liberté était connue. Le titre seul
95 prouve que le roi se croyait absolu de droit, et que les
barons et le clergé même ne le forçaient à se relâcher de
ce droit prétendu que parce qu'ils étaient les plus forts.

Voici comme commence la grande charte: "Nous
accordons de notre libre volonté les privilèges suivants
100 aux archevêques, évêques, abbés, prieurs et barons de
notre royaume, etc."

Dans les articles de cette charte il n'est pas dit un mot
de la Chambre des communes, preuve qu'elle n'existait
pas encore, ou qu'elle existait sans pouvoir. On y spécifie
105 les hommes libres d'Angleterre: triste démonstration
qu'il y en avait qui ne l'étaient pas. On voit par l'article
32 que ces hommes prétendus libres devaient des services
à leur seigneur. Une telle liberté tenait encore beaucoup
de l'esclavage.

Par l'article 21, le roi ordonne que ses officiers ne 110
pourront dorénavant prendre de force les chevaux et les
charrettes des hommes libres qu'en payant, et ce règle-
ment parut au peuple une vraie liberté, parce qu'il ôtait
une plus grande tyrannie.

Henri VII, usurpateur heureux et grand politique, qui 115
faisait semblant d'aimer les barons, mais qui les haïssait
et les craignait, s'avisa de procurer l'aliénation de leurs
terres. Par là les vilains, qui dans la suite acquirent du
bien par leurs travaux, achetèrent les châteaux des illustres
pairs qui s'étaient ruinés par leurs folies. Peu à peu 120
toutes les terres changèrent de maîtres.

La Chambre des communes devint de jour en jour plus
puissante, les familles des anciens pairs s'éteignirent avec
le temps; et, comme il n'y a proprement que les pairs qui
soient nobles en Angleterre, dans la rigueur de la loi, il 125
n'y aurait plus du tout de noblesse en ce pays-là, si les
rois n'avaient pas créé de nouveaux barons de temps en
temps et conservé l'ordre des pairs, qu'ils avaient tant
craint autrefois, pour l'opposer à celui des communes,
devenu trop redoutable. 130

Tous ces nouveaux pairs, qui composent la chambre
haute, reçoivent du roi leur titre, et rien de plus; presque
aucun d'eux n'a la terre dont il porte le nom: l'un est duc
de Dorset, et n'a pas un pouce de terre en Dorsetshire;
l'autre est comte d'un village, qui sait à peine où ce village 135
est situé; ils ont du pouvoir dans le parlement, non
ailleurs.

Vous n'entendez point ici parler de haute, moyenne et
basse justice, ni du droit de chasser sur les terres d'un
citoyen, lequel n'a pas la liberté de tirer un coup de fusil 140
sur son propre champ.

Un homme, parce qu'il est noble ou parce qu'il est
prêtre, n'est point ici exempt de payer certaines taxes;
tous les impôts sont réglés par la Chambre des communes, qui, n'étant que la seconde par son rang, est la 145
première par son crédit.

Les seigneurs et les évêques peuvent bien rejeter le bill des communes pour les taxes, mais il ne leur est pas permis d'y rien changer : il faut ou qu'ils le reçoivent ou 150 qu'ils le rejettent sans restriction. Quand le bill est confirmé par les lords et approuvé par le roi, alors tout le monde paye ; chacun donne non selon sa qualité (ce qui est absurde), mais selon son revenu ; il n'y a point de taille ni de capitation arbitraire, mais une taxe réelle sur les 155 terres ; elles ont toutes été évaluées sous le fameux roi Guillaume III, et mises au-dessous de leur prix.

La taxe subsiste toujours la même, quoique les revenus des terres aient augmenté ; ainsi personne n'est foulé, et personne ne se plaint. Le paysan n'a point les pieds 160 meurtris par les sabots, il mange du pain blanc, il est bien vêtu, il ne craint point d'augmenter le nombre de ses bestiaux ni de couvrir son toit de tuiles, de peur que l'on ne hausse ses impôts l'année d'après. Il y a ici beaucoup de paysans qui ont environ deux cent mille francs de bien, 165 et qui ne dédaignent pas de continuer à cultiver la terre qui les a enrichis et dans laquelle ils vivent libres.

DIXIÈME LETTRE

SUR LE COMMERCE

LE commerce, qui a enrichi les citoyens en Angleterre,
a contribué à les rendre libres, et cette liberté a
étendu le commerce à son tour: de là s'est formée la 5
grandeur de l'État; c'est le commerce qui a établi peu
à peu les forces navales par qui les Anglais sont les maîtres
des mers. Ils ont à présent près de deux cents vaisseaux
de guerre. La postérité apprendra peut-être avec surprise
qu'une petite île, qui n'a de soi-même qu'un peu de 10
plomb, de l'étain, de la terre à foulon et de la laine
grossière, est devenue, par son commerce, assez puissante
pour envoyer, en 1723, trois flottes à la fois en trois
extrémités du monde: l'une devant Gibraltar, conquise
et conservée par ses armes; l'autre à Porto-Bello, pour 15
ôter au roi d'Espagne la jouissance des trésors des Indes;
et la troisième dans la mer Baltique, pour empêcher les
puissances du Nord de se battre.

Quand Louis XIV faisait trembler l'Italie, et que ses
armées, déjà maîtresses de la Savoie et du Piémont, 20
étaient prêtes de prendre Turin, il fallut que le prince
Eugène marchât du fond de l'Allemagne au secours du
duc de Savoie; il n'avait point d'argent, sans quoi on ne
prend ni ne défend les villes. Il eut recours à des marchands anglais; en une demi-heure de temps on lui prêta 25
cinq millions: avec cela il délivra Turin, battit les
Français, et écrivit à ceux qui avaient prêté cette somme
ce petit billet: "Messieurs, j'ai reçu votre argent, et je me
flatte de l'avoir employé à votre satisfaction."

Tout cela donne un juste orgueil à un marchand 30
anglais, et fait qu'il ose se comparer, non sans quelque
raison, à un citoyen romain. Aussi le cadet d'un pair du
royaume ne dédaigne point le négoce. Milord Townshend, ministre d'État, a un frère qui se contente d'être
marchand dans la Cité. Dans le temps que milord 35

Oxford gouvernait l'Angleterre, son cadet était facteur
à Alep, d'où il ne voulut pas revenir, et où il est mort.

Cette coutume, qui pourtant commence trop à se
passer, paraît monstrueuse à des Allemands entêtés de
40 leurs quartiers; ils ne sauraient concevoir que le fils d'un
pair d'Angleterre ne soit qu'un riche et puissant bourgeois, au lieu qu'en Allemagne tout est prince; on a vu
jusqu'à trente Altesses du même nom n'ayant pour tout
bien que des armoiries et de l'orgueil.

45   En France, est marquis qui veut; et quiconque arrive
à Paris du fond d'une province avec de l'argent à dépenser
et un nom en *ac* ou en *ille* peut dire: "Un homme comme
moi, un homme de ma qualité," et mépriser souveraine-
ment un négociant. Le négociant entend lui-même parler
50 si souvent avec dédain de sa profession qu'il est assez
sot pour en rougir; je ne sais pourtant lequel est le plus
utile à un État, ou un seigneur bien poudré qui sait
précisément à quelle heure le roi se lève, à quelle heure
il se couche, et qui se donne des airs de grandeur en
55 jouant le rôle d'esclave dans l'antichambre d'un ministre,
ou un négociant qui enrichit son pays, donne de son
cabinet des ordres à Surate et au Caire, et contribue au
bonheur du monde.

ONZIÈME LETTRE

SUR L'INSERTION DE LA PETITE VÉROLE

ON dit doucement, dans l'Europe chrétienne, que les Anglais sont des fous et des enragés : des fous, parce 5 qu'ils donnent la petite vérole à leurs enfants pour les empêcher de l'avoir ; des enragés, parce qu'ils communiquent de gaieté de cœur à ces enfants une maladie certaine et affreuse, dans la vue de prévenir un mal incertain. Les Anglais, de leur côté, disent : "Les autres 10 Européens sont des lâches et des dénaturés : ils sont lâches, en ce qu'ils craignent de faire un peu de mal à leurs enfants ; dénaturés, en ce qu'ils les exposent à mourir un jour de la petite vérole." Pour juger qui a raison dans cette dispute, voici l'histoire de cette fameuse insertion 15 dont on parle hors l'Angleterre avec tant d'effroi.

Les femmes de Circassie sont, de temps immémorial, dans l'usage de donner la petite vérole à leurs enfants, même à l'âge de six mois, en leur faisant une incision au bras, et en insérant dans cette incision une pustule qu'elles 20 ont soigneusement enlevée du corps d'un autre enfant. Cette pustule fait, dans le bras où elle est insinuée, l'effet du levain dans un morceau de pâte ; elle y fermente et répand dans la masse du sang les qualités dont elle est empreinte. Les boutons de l'enfant à qui l'on a donné 25 cette petite vérole artificielle servent à porter la même maladie à d'autres. C'est une circulation presque continuelle en Circassie ; et, quand malheureusement il n'y a point de petite vérole dans le pays, on est aussi embarrassé qu'on l'est ailleurs dans une mauvaise année. 30

Ce qui a introduit en Circassie cette coutume, qui paraît si étrange à d'autres peuples, est pourtant une cause commune à toute la terre : c'est la tendresse maternelle et l'intérêt.

Les Circassiens sont pauvres, et leurs filles sont belles ; 35

2-2

aussi ce sont elles dont ils font le plus de trafic. Ils
fournissent de beautés les harems du Grand Seigneur,
du sophi de Perse, et de ceux qui sont assez riches pour
acheter et pour entretenir cette marchandise précieuse.
40 Ils élèvent ces filles en tout bien et en tout honneur
à former des danses pleines de lasciveté et de mollesse,
à rallumer, par tous les artifices les plus voluptueux, le
goût des maîtres dédaigneux à qui elles sont destinées.
Ces pauvres créatures répètent tous les jours leur leçon
45 avec leur mère, comme nos petites filles répètent leur
catéchisme, sans y rien comprendre. Or, il arrivait
souvent qu'un père et une mère, après avoir bien pris des
peines pour donner une bonne éducation à leurs enfants,
se voyaient tout d'un coup frustrés de leur espérance.
50 La petite vérole se mettait dans la famille, une fille en
mourait, une autre perdait un œil, une troisième relevait
avec un gros nez, et les pauvres gens étaient ruinés
sans ressource. Souvent même, quand la petite vérole
devenait épidémique, le commerce était interrompu pour
55 plusieurs années, ce qui causait une notable diminution
dans les sérails de Perse et de Turquie.

Une nation commerçante est toujours fort alerte sur
ses intérêts, et ne néglige rien des connaissances qui
peuvent être utiles à son négoce. Les Circassiens s'aper-
60 çurent que sur mille personnes il s'en trouvait à peine
une seule qui fût attaquée deux fois d'une petite vérole
bien complète; qu'à la vérité on essuie quelquefois trois
ou quatre petites véroles légères, mais jamais deux qui
soient décidées et dangereuses; qu'en un mot, jamais on
65 n'a véritablement cette maladie deux fois en sa vie. Ils
remarquèrent encore que, quand les petites véroles sont
très bénignes et que leur éruption ne trouve à percer
qu'une peau délicate et fine, elles ne laissent aucune
impression sur le visage. De ces observations naturelles
70 ils conclurent que, si un enfant de six mois ou d'un an
avait une petite vérole bénigne, il n'en mourrait pas, il
n'en serait pas marqué, et serait quitte de cette maladie

pour le reste de ses jours. Il restait donc, pour conserver
la vie et la beauté de leurs enfants, de leur donner la petite
vérole de bonne heure: c'est ce que l'on fit en insérant 75
dans le corps d'un enfant un bouton que l'on prit de la
petite vérole la plus complète et en même temps la plus
favorable qu'on put trouver.

L'expérience ne pouvait pas manquer de réussir. Les
Turcs, qui sont gens sensés, adoptèrent bientôt après 80
cette coutume, et aujourd'hui il n'y a point de bacha dans
Constantinople qui ne donne la petite vérole à son fils et
à sa fille en les faisant sevrer.

Il y a quelques gens qui prétendent que les Circassiens
prirent autrefois cette coutume des Arabes; mais nous 85
laissons ce point d'histoire à éclaircir par quelque savant
bénédictin, qui ne manquera pas de composer là-dessus
plusieurs volumes in-folio avec les preuves. Tout ce que
j'ai à dire sur cette matière, c'est que, dans le commencement du règne de George Ier, Mme de Wortley 90
Montagu, une des femmes d'Angleterre qui ont le plus
d'esprit et le plus de force dans l'esprit, étant avec son
mari en ambassade à Constantinople, s'avisa de donner
sans scrupule la petite vérole à un enfant dont elle était
accouchée en ce pays. Son chapelain eut beau lui dire 95
que cette expérience n'était pas chrétienne et ne pouvait
réussir que chez des infidèles, le fils de Mme de Montagu
s'en trouva à merveille. Cette dame, de retour à Londres,
fit part de son expérience à la princesse de Galles, qui est
aujourd'hui reine. Il faut avouer que, titres et couronnes 100
à part, cette princesse est née pour encourager tous les
arts et pour faire du bien aux hommes: c'est un philosophe
aimable sur le trône; elle n'a jamais perdu ni une occasion
de s'instruire, ni une occasion d'exercer sa générosité.
C'est elle qui, ayant entendu dire qu'une fille de Milton 105
vivait encore, et vivait dans la misère, lui envoya sur-le-
champ un présent considérable; c'est elle qui protège ce
pauvre Père Courayer; c'est elle qui daigna être la média-
trice entre le docteur Clarke et M. Leibnitz. Dès qu'elle

110 eut entendu parler de l'inoculation ou insertion de la
petite vérole, elle en fit faire l'épreuve sur quatre criminels
condamnés à mort, à qui elle sauva doublement la vie :
car non seulement elle les tira de la potence, mais, à la
faveur de cette petite vérole artificielle, elle prévint la
115 naturelle, qu'ils auraient probablement eue, et dont ils
seraient morts peut-être dans un âge plus avancé. La
princesse, assurée de l'utilité de cette épreuve, fit inoculer
ses enfants : l'Angleterre suivit son exemple, et, depuis ce
temps, dix mille enfants de famille au moins doivent ainsi
120 la vie à la reine et à Mme Wortley Montagu, et autant
de filles leur doivent leur beauté.

Sur cent personnes dans le monde, soixante au moins
ont la petite vérole ; de ces soixante, dix en meurent dans
les années les plus favorables, et dix en conservent pour
125 toujours de fâcheux restes. Voilà donc la cinquième
partie des hommes que cette maladie tue ou enlaidit
sûrement. De tous ceux qui sont inoculés en Turquie ou
en Angleterre, aucun ne meurt, s'il n'est infirme et condamné à mort d'ailleurs ; personne n'est marqué, aucun
130 n'a la petite vérole une seconde fois, supposé que l'inoculation ait été parfaite. Il est donc certain que, si quelque
ambassadrice française avait rapporté ce secret de Constantinople à Paris, elle aurait rendu un service éternel à
la nation : le duc de Villequier, père du duc d'Aumont
135 d'aujourd'hui, l'homme de France le mieux constitué et
le plus sain, ne serait pas mort à la fleur de son âge ; le
prince de Soubise, qui avait la santé la plus brillante,
n'aurait pas été emporté à l'âge de vingt-cinq ans ;
Monseigneur, grand-père de Louis XV, n'aurait pas été
140 enterré dans sa cinquantième année ; vingt mille personnes
mortes à Paris de la petite vérole en 1723 vivraient encore.
Quoi donc ! Est-ce que les Français n'aiment point la vie ?
Est-ce que leurs femmes ne se soucient point de leur
beauté ? En vérité, nous sommes d'étranges gens ! Peut-
145 être dans dix ans prendra-t-on cette méthode anglaise,
si les curés et les médicins le permettent ; ou bien les

Français, dans trois mois, se serviront de l'inoculation par fantaisie, si les Anglais s'en dégoûtent par inconstance.

J'apprends que depuis cent ans les Chinois sont dans cet usage; c'est un grand préjugé que l'exemple d'une 150 nation qui passe pour être la plus sage et la mieux policée de l'univers. Il est vrai que les Chinois s'y prennent d'une façon différente: ils ne font point d'incision, ils font prendre la petite vérole par le nez comme du tabac en poudre; cette façon est plus agréable, mais elle revient 155 au même, et sert également à confirmer que, si on avait pratiqué l'inoculation en France, on aurait sauvé la vie à des milliers d'hommes.

DOUZIÈME LETTRE

SUR LE CHANCELIER BACON

IL n'y a pas longtemps que l'on agitait dans une compagnie célèbre cette question usée et frivole : quel était
5 le plus grand homme, de César, d'Alexandre, de Tamer-
lan, de Cromwell, etc.

Quelqu'un répondit que c'était sans contredit Isaac
Newton. Cet homme avait raison : car, si la vraie grandeur
consiste à avoir reçu du Ciel un puissant génie et à s'en
10 être servi pour s'éclairer soi-même et les autres, un homme
comme M. Newton, tel qu'il s'en trouve à peine en dix
siècles, est véritablement le grand homme ; et ces politiques et ces conquérants dont aucun siècle n'a manqué
ne sont d'ordinaire que d'illustres méchants. C'est à
15 celui qui domine sur les esprits par la force de la vérité,
non à ceux qui font des esclaves par la violence, c'est à
celui qui connaît l'univers, non à ceux qui le défigurent,
que nous devons nos respects.

Puis donc que vous exigez que je vous parle des hommes
20 célèbres qu'a portés l'Angleterre, je commencerai par les
Bacon, les Locke, les Newton, etc. ; les généraux et les
ministres viendront à leur tour.

Il faut commencer par le fameux baron de Verulam,
connu en Europe sous le nom de Bacon, qui était son nom
25 de famille. Il était fils d'un garde des sceaux, et fut longtemps chancelier sous le roi Jacques Ier. Cependant, au
milieu des intrigues de la cour et des occupations de sa
charge, qui demandaient un homme tout entier, il trouva
le temps d'être grand philosophe, bon historien et
30 écrivain élégant ; et, ce qui est encore plus étonnant, c'est
qu'il vivait dans un siècle où l'on ne connaissait guère
l'art de bien écrire, encore moins la bonne philosophie.
Il a été, comme c'est l'usage parmi les hommes, plus
estimé après sa mort que de son vivant. Ses ennemis

étaient à la cour de Londres, ses admirateurs étaient dans 35
toute l'Europe.

Lorsque le marquis d'Effiat amena en Angleterre la
princesse Marie, fille de Henri le Grand, qui devait
épouser le prince de Galles, ce ministre alla visiter Bacon,
qui, alors étant malade au lit, le reçut les rideaux fermés. 40
"Vous ressemblez aux anges, lui dit d'Effiat; on entend
toujours parler d'eux, on les croit bien supérieurs aux
hommes, et on n'a jamais la consolation de les voir."

Vous savez, Monsieur, comment Bacon fut accusé d'un
crime qui n'est guère d'un philosophe: de s'être laissé 45
corrompre par argent. Vous savez comment il fut condamné par la Chambre des pairs à une amende d'environ
quatre cent mille livres de notre monnaie, à perdre sa
dignité de chancelier et de pair.

Aujourd'hui les Anglais révèrent sa mémoire au point 50
qu'ils ne veulent point avouer qu'il ait été coupable. Si
vous me demandez ce que j'en pense, je me servirai pour
vous répondre d'un mot que j'ai ouï dire à milord
Bolingbroke. On parlait en sa présence de l'avarice dont
le duc de Marlborough avait été accusé, et on en citait 55
des traits sur lesquels on appelait au témoignage de milord
Bolingbroke, qui, ayant été son ennemi déclaré, pouvait
peut-être avec bienséance dire ce qui en était: "C'était
un si grand homme, répondit-il, que j'ai oublié ses
vices."   60

Je me bornerai donc à vous parler de ce qui a mérité
au chancelier Bacon l'estime de l'Europe.

Le plus singulier et le meilleur de ses ouvrages est
celui qui est aujourd'hui le moins lu et le plus inutile: je
veux parler de son *Novum scientiarum Organum*. C'est 65
l'échafaud avec lequel on a bâti la nouvelle philosophie;
et, quand cet édifice a été élevé au moins en partie,
l'échafaud n'a plus été d'aucun usage.

Le chancelier Bacon ne connaissait pas encore la nature;
mais il savait et indiquait tous les chemins qui mènent 70
à elle. Il avait méprisé de bonne heure ce que les uni-

versités appelaient la philosophie, et il faisait tout ce qui dépendait de lui afin que ces compagnies, instituées pour la perfection de la raison humaine, ne continuassent pas
75 de la gâter par leurs *quiddités,* leur horreur du vide, leurs formes substantielles, et tous ces mots impertinents que non seulement l'ignorance rendait respectables, mais qu'un mélange ridicule avec la religion avait rendus presque sacrés.

80   Il est le père de la philosophie expérimentale. Il est bien vrai qu'avant lui on avait découvert des secrets étonnants : on avait inventé la boussole, l'imprimerie, la gravure des estampes, la peinture à l'huile, les glaces, l'art de rendre en quelque façon la vue aux vieillards par
85 les lunettes qu'on appelle besicles, la poudre à canon, etc.; on avait cherché, trouvé et conquis un nouveau monde. Qui ne croirait que ces sublimes découvertes eussent été faites par les plus grands philosophes, et dans des temps bien plus éclairés que le nôtre? Point du tout :
90 c'est dans le temps de la plus stupide barbarie que ces grands changements ont été faits sur la terre. Le hasard seul a produit presque toutes ces inventions, et il y a même bien de l'apparence que ce qu'on appelle hasard a eu grande part dans la découverte de l'Amérique; du
95 moins a-t-on toujours cru que Christophe Colomb n'entreprit son voyage que sur la foi d'un capitaine de vaisseau qu'une tempête avait jeté jusqu'à la hauteur des îles Caraïbes.

Quoi qu'il en soit, les hommes savaient aller au bout
100 du monde; ils savaient détruire des villes avec un tonnerre artificiel, plus terrible que le tonnerre véritable; mais ils ne connaissaient pas la circulation du sang, la pesanteur de l'air, les lois du mouvement, la lumière, le nombre de nos planètes, etc. Et un homme qui soutenait
105 une thèse sur les catégories d'Aristote, sur l'universel (*a parte rei*) ou telle autre sottise, était regardé comme un prodige.

Les inventions les plus étonnantes et les plus utiles ne

sont pas celles qui font le plus d'honneur à l'esprit
humain. C'est à un instinct mécanique, qui est chez la 110
plupart des hommes, que nous devons tous les arts, et
nullement à la saine philosophie. La découverte du feu,
l'art de faire du pain, de fondre et de préparer les métaux,
de bâtir des maisons, l'invention de la navette, sont d'une
tout autre nécessité que l'imprimerie et la boussole; 115
cependant ces arts furent inventés par des hommes
encore sauvages. Quel prodigieux usage les Grecs et les
Romains ne firent-ils pas depuis des mécaniques? Cependant on croyait de leur temps qu'il y avait des cieux
de cristal, et que les étoiles étaient de petites lampes qui 120
tombaient quelquefois dans la mer; et un de leurs grands
philosophes, après bien des recherches, avait trouvé que
les astres étaient des cailloux qui s'étaient détachés de la
terre.

En un mot, personne avant le chancelier Bacon n'avait 125
connu la philosophie expérimentale; et, de toutes les
épreuves physiques qu'on a faites depuis lui, il n'y en a
presque pas une qui ne soit indiquée dans son livre. Il
en avait fait lui-même plusieurs: il fit des espèces de
machines pneumatiques, par lesquelles il devina l'élas- 130
ticité de l'air; il a tourné tout autour de la découverte de
sa pesanteur, il y touchait; cette vérité fut saisie par
Torricelli. Peu de temps après, la physique expérimentale
commença tout d'un coup à être cultivée à la fois dans
presque toutes les parties de l'Europe. C'était un trésor 135
caché dont Bacon s'était douté, et que tous les philosophes, encouragés par sa promesse, s'efforcèrent de
déterrer.

Mais ce qui m'a le plus surpris, ç'a été de voir dans
son livre, en termes exprès, cette attraction nouvelle dont 140
M. Newton passe pour l'inventeur.

"Il faut chercher, dit Bacon, s'il n'y aurait point une
espèce de force magnétique qui opère entre la terre et les
choses pesantes, entre la lune et l'océan, entre les planètes,
etc." 145

En un autre endroit, il dit:

" Il faut ou que les corps graves soient portés vers le centre de la terre, ou qu'ils en soient mutuellement attirés; et, en ce dernier cas, il est évident que plus les 150 corps, en tombant, s'approcheront de la terre, plus fortement ils s'attireront. Il faut, poursuit-il, expérimenter si la même horloge à poids ira plus vite sur le haut d'une montagne ou au fond d'une mine. Si la force des poids diminue sur la montagne et augmente dans la mine, il y 155 a apparence que la terre a une vraie attraction."

Ce précurseur de la philosophie a été aussi un écrivain élégant, un historien, un bel esprit.

Ses *Essais de morale* sont très estimés, mais ils sont faits pour instruire plutôt que pour plaire, et, n'étant ni la 160 satire de la nature humaine comme les *Maximes* de M. de la Rochefoucauld, ni l'école du scepticisme comme Montaigne, ils sont moins lus que ces deux livres ingénieux.

Son *Histoire de Henri VII* a passé pour un chef-165 d'œuvre; mais je serais fort trompé si elle pouvait être comparée à l'ouvrage de notre illustre de Thou.

En parlant de ce fameux imposteur Perkins, juif de naissance, qui prit si hardiment le nom de Richard IV, roi d'Angleterre, encouragé par la duchesse de Bourgogne, 170 et qui disputa la couronne à Henri VII, voici comme le chancelier Bacon s'exprime:

"Environ ce temps, le roi Henri fut obsédé d'esprits malins par la magie de la duchesse de Bourgogne, qui évoqua des enfers l'ombre d'Édouard IV pour venir 175 tourmenter le roi Henri.

"Quand la duchesse de Bourgogne eut instruit Perkins, elle commença à délibérer par quelle région du ciel elle ferait paraître cette comète, et elle résolut qu'elle éclaterait d'abord sur l'horizon de l'Irlande."

180   Il me semble que notre sage de Thou ne donne guère dans ce phébus, qu'on prenait autrefois pour du sublime, mais qu'à présent on nomme avec raison galimatias.

SUR M. LOCKE

JAMAIS il ne fut peut-être un esprit plus sage, plus méthodique, un logicien plus exact que M. Locke; cependant il n'était pas grand mathématicien. Il n'avait 5 jamais pu se soumettre à la fatigue des calculs ni à la sécheresse des vérités mathématiques, qui ne présentent d'abord rien de sensible à l'esprit; et personne n'a mieux prouvé que lui qu'on pouvait avoir l'esprit géomètre sans le secours de la géométrie. Avant lui de grands philo- 10 sophes avaient décidé positivement ce que c'est que l'âme de l'homme; mais, puisqu'ils n'en savaient rien du tout, il est bien juste qu'ils aient tous été d'avis différents.

Dans la Grèce, berceau des arts et des erreurs, et où l'on poussa si loin la grandeur et la sottise de l'esprit 15 humain, on raisonnait comme chez nous sur l'âme. Le divin Anaxagoras, à qui on dressa un autel pour avoir appris aux hommes que le soleil était plus grand que le Péloponèse, que la neige était noire, et que les cieux étaient de pierre, affirma que l'âme était un esprit aérien, 20 mais cependant immortel. Diogène, un autre que celui qui devint cynique après avoir été faux-monnayeur, assurait que l'âme était une portion de la substance même de Dieu; et cette idée au moins était brillante. Épicure la composait de parties comme le corps. Aristote, qu'on 25 a expliqué de mille façons, parce qu'il était inintelligible, croyait, si l'on s'en rapporte à quelques-uns de ses disciples, que l'entendement de tous les hommes était une seule et même substance. Le divin Platon, maître du divin Aristote, et le divin Socrate, maître du divin Platon, 30 disaient l'âme corporelle et éternelle. Le démon de Socrate lui avait appris sans doute ce qui en était. Il y a des gens, à la vérité, qui prétendent qu'un homme qui se vantait d'avoir un génie familier était indubitablement un fou ou un fripon; mais ces gens-là sont trop difficiles. 35

Quant à nos Pères de l'Église, plusieurs, dans les premiers siècles, ont cru l'âme humaine, les anges et Dieu corporels.

Le monde se raffine toujours. Saint Bernard, selon
40 l'aveu du Père Mabillon, enseigna, à propos de l'âme, qu'après la mort elle ne voyait point Dieu dans le ciel, mais qu'elle conversait seulement avec l'humanité de Jésus-Christ. On ne le crut pas cette fois sur sa parole; l'aventure de la croisade avait un peu décrédité ses oracles.
45 Mille scolastiques sont venus ensuite, comme le docteur irréfragable, le docteur subtil, le docteur angélique, le docteur séraphique, le docteur chérubique, qui tous ont été bien sûrs de connaître l'âme très clairement, mais qui n'ont pas laissé d'en parler comme s'ils avaient voulu que
50 personne n'y entendît rien.

Notre Descartes, né pour découvrir les erreurs de l'antiquité, mais pour y substituer les siennes, et entraîné par cet esprit systématique qui aveugle les plus grands hommes, s'imagina avoir démontré que l'âme était la
55 même chose que la pensée, comme la matière, selon lui, est la même chose que l'étendue. Il assura que l'on pense toujours, et que l'âme arrive dans le corps pourvue de toutes les notions métaphysiques, connaissant Dieu, l'espace, l'infini, ayant toutes les idées abstraites, remplie
60 enfin de belles connaissances, qu'elle oublie malheureusement en sortant du ventre de la mère.

M. Malebranche, de l'Oratoire, dans ses illusions sublimes, non seulement n'admit point les idées innées, mais il ne doutait pas que nous ne vissions tout en Dieu, et
65 que Dieu, pour ainsi dire, ne fût notre âme.

Tant de raisonneurs ayant fait le roman de l'âme, un sage est venu qui en a fait modestement l'histoire. Locke a développé à l'homme la raison humaine, comme un excellent anatomiste explique les ressorts du corps
70 humain. Il s'aide partout du flambeau de la physique; il ose quelquefois parler affirmativement, mais il ose aussi douter. Au lieu de définir tout d'un coup ce que nous ne

connaissons pas, il examine par degrés ce que nous vou-
lons connaître. Il prend un enfant au moment de sa
naissance, il suit pas à pas les progrès de son entende- 75
ment; il voit ce qu'il a de commun avec les bêtes, et ce
qu'il a au-dessus d'elles; il consulte surtout son propre
témoignage, la conscience de sa pensée.

"Je laisse, dit-il, à discuter à ceux qui en savent plus
que moi si notre âme existe avant ou après l'organisation 80
de notre corps; mais j'avoue qu'il m'est tombé en partage
une de ces âmes grossières qui ne pensent pas toujours,
et j'ai même le malheur de ne pas concevoir qu'il soit
plus nécessaire à l'âme de penser toujours qu'au corps
d'être toujours en mouvement."   85

Pour moi, je me vante de l'honneur d'être en ce point
aussi stupide que M. Locke. Personne ne me fera jamais
croire que je pense toujours, et je ne me sens pas plus
disposé que lui à imaginer que quelques semaines après
ma conception j'étais une fort savante âme, sachant alors 90
mille choses que j'ai oubliées en naissant, et ayant fort
inutilement possédé dans l'utérus des connaissances qui
m'ont échappé dès que j'ai pu en avoir besoin, et que je
n'ai jamais bien pu rapprendre depuis.

Locke, après avoir ruiné les idées innées, après avoir 95
bien renoncé à la vanité de croire qu'on pense toujours,
établit que toutes nos idées nous viennent par les sens,
examine nos idées simples et celles qui sont composées,
suit l'esprit de l'homme dans toutes ses opérations, fait
voir combien les langues que les hommes parlent sont 100
imparfaites, et quel abus nous faisons des termes à tout
moment.

Il vient enfin à considérer l'étendue, ou plutôt le néant
des connaissances humaines. C'est dans ce chapitre qu'il
ose avancer modestement ces paroles: "Nous ne serons 105
jamais peut-être capables de connaître si un être purement
matériel pense ou non."

Ce discours sage parut à plus d'un théologien une déclaration scandaleuse que l'âme est matérielle et mortelle.

110 Quelques Anglais, dévots à leur manière, sonnèrent l'alarme. Les superstitieux sont dans la société ce que les poltrons sont dans une armée: ils ont et donnent des terreurs paniques. On cria que Locke voulait renverser la religion: il ne s'agissait pourtant point de religion dans 115 cette affaire; c'était une question purement philosophique, très indépendante de la foi et de la révélation; il ne fallait qu'examiner sans aigreur s'il y a de la contradiction à dire: *La matière peut penser, et Dieu peut communiquer la pensée à la matière.* Mais les théologiens commencent trop 120 souvent par dire que Dieu est outragé quand on n'est pas de leur avis. C'est trop ressembler aux mauvais poètes, qui criaient que Despréaux parlait mal du roi parce qu'il se moquait d'eux.

Le docteur Stillingfleet s'est fait une réputation de 125 théologien modéré pour n'avoir pas dit positivement des injures à Locke. Il entra en lice contre lui, mais il fut battu: car il raisonnait en docteur, et Locke en philosophe instruit de la force et de la faiblesse de l'esprit humain, et qui se battait avec des armes dont il connaissait la trempe.

130 Si j'osais parler après M. Locke sur un sujet si délicat, je dirais: Les hommes disputent depuis longtemps sur la nature et sur l'immortalité de l'âme: à l'égard de son immortalité, il est impossible de la démontrer, puisqu'on dispute encore sur sa nature, et qu'assurément il faut 135 connaître à fond un être créé pour décider s'il est immortel ou non. La raison humaine est si peu capable de démontrer par elle-même l'immortalité de l'âme que la religion a été obligée de nous la révéler. Le bien commun de tous les hommes demande qu'on croie l'âme immor-140 telle, la foi nous l'ordonne; il n'en faut pas davantage, et la chose est décidée. Il n'en est pas de même de sa nature: il importe peu à la religion de quelle substance soit l'âme, pourvu qu'elle soit vertueuse. C'est une horloge qu'on nous a donnée à gouverner; mais l'ouvrier ne nous a pas 145 dit de quoi le ressort de cette horloge est composé.

Je suis corps et je pense, je n'en sais pas davantage.

Irai-je attribuer à une cause inconnue ce que je puis si
aisément attribuer à la seule cause seconde que je connais? Ici tous les philosophes de l'école m'arrêtent en
argumentant et disent: "Il n'y a dans le corps que de 150
l'étendue et de la solidité, et il ne peut avoir que du
mouvement et de la figure." Or, du mouvement et de la
figure, de l'étendue et de la solidité, ne peuvent faire une
pensée: donc l'âme ne peut pas être matière. Tout ce
grand raisonnement, tant de fois répété, se réduit unique- 155
ment à ceci: Je ne connais point du tout la matière, j'en
devine imparfaitement quelques propriétés; or je ne sais
point du tout si ces propriétés peuvent être jointes à la
pensée; donc, parce que je ne sais rien du tout, j'assure
positivement que la matière ne saurait penser. Voilà 160
nettement la manière de raisonner de l'école. Locke
dirait avec simplicité à ces messieurs: Confessez du moins
que vous êtes aussi ignorants que moi; votre imagination
ni la mienne ne peuvent concevoir comment un corps a
des idées; et comprenez-vous mieux comment une sub- 165
stance, telle qu'elle soit, a des idées? Vous ne concevez
ni la matière ni l'esprit, comment osez-vous assurer
quelque chose?

Le superstitieux vient à son tour, et dit qu'il faut
brûler, pour le bien de leurs âmes, ceux qui soupçonnent 170
qu'on peut penser avec la seule aide du corps; mais que
dirait-il si c'était lui-même qui fût coupable d'irréligion?
En effet, quel est l'homme qui osera assurer, sans une
impiété absurde, qu'il est impossible au Créateur de
donner à la matière la pensée et le sentiment? Voyez, 175
je vous prie, à quel embarras vous êtes réduits, vous qui
bornez ainsi la puissance du Créateur! Les bêtes ont les
mêmes organes que nous, les mêmes sentiments, les
mêmes perceptions; elles ont de la mémoire, elles com-
binent quelques idées. Si Dieu n'a pas pu animer la 180
matière et lui donner le sentiment, il faut de deux choses
l'une, ou que les bêtes soient de pures machines, ou
qu'elles aient une âme spirituelle.

Il me paraît presque démontré que les bêtes ne peuvent
185 être de simples machines; voici ma preuve: Dieu leur a
fait précisément les mêmes organes du sentiment que les
nôtres; donc, si elles ne sentent point, Dieu a fait un
ouvrage inutile; or Dieu, de votre aveu même, ne fait rien
en vain: donc il n'a point fabriqué tant d'organes de
190 sentiment pour qu'il n'y eût point de sentiment; donc les
bêtes ne sont point de pures machines. Les bêtes, selon
vous, ne peuvent pas avoir une âme spirituelle: donc
malgré vous il ne reste autre chose à dire sinon que Dieu
a donné aux organes des bêtes, qui sont matière, la
195 faculté de sentir et d'apercevoir, laquelle vous appelez
instinct dans elles. Et qui peut empêcher Dieu de communiquer à nos organes plus déliés cette faculté de sentir,
d'apercevoir et de penser, que nous appelons raison
humaine? De quelque côté que vous vous tourniez, vous
200 êtes obligés d'avouer votre ignorance et la puissance immense du Créateur. Ne vous révoltez donc plus contre
la sage et modeste philosophie de Locke; loin d'être
contraire à la religion, elle lui servirait de preuve, si la
religion en avait besoin: car quelle philosophie plus
205 religieuse que celle qui, n'affirmant que ce qu'elle conçoit
clairement en sachant avouer sa faiblesse, vous dit qu'il
faut recourir à Dieu dès qu'on examine les premiers
principes?

D'ailleurs, il ne faut jamais craindre qu'aucun senti-
210 ment philosophique puisse nuire à la religion d'un pays.
Nos mystères ont beau être contraires à nos démonstrations, ils n'en sont pas moins révérés par les philosophes chrétiens, qui savent que les objets de la raison et
de la foi sont de différente nature. Jamais les philosophes
215 ne feront une secte de religion: pourquoi? C'est qu'ils
n'écrivent point pour le peuple et qu'ils sont sans enthousiasme. Divisez le genre humain en vingt parts, il
y en a dix-neuf composées de ceux qui travaillent de leurs
mains et qui ne sauront jamais s'il y a eu un Locke au
220 monde; dans la vingtième partie qui reste, combien

trouve-t-on peu d'hommes qui lisent? Et, parmi ceux
qui lisent, il y en a vingt qui lisent des romans contre un
qui étudie la philosophie; le nombre de ceux qui pensent
est excessivement petit, et ceux-là ne s'avisent pas de
troubler le monde.   225

Ce n'est ni Montaigne, ni Locke, ni Bayle, ni Spinosa,
ni Hobbes, ni milord Shaftesbury, ni M. Collins, ni
M. Toland, etc., qui ont porté le flambeau de la discorde
dans leur patrie; ce sont pour la plupart des théologiens
qui, ayant eu d'abord l'ambition d'être chefs de secte, 230
ont eu bientôt celle d'être chefs de parti. Que dis-je?
Tous les livres des philosophes modernes mis ensemble
ne feront jamais dans le monde autant de bruit seulement
qu'en a fait autrefois la dispute des Cordeliers sur la forme
de leurs manches et de leur capuchon.   235

SUR DESCARTES ET NEWTON

UN Français qui arrive à Londres trouve les choses bien changées en philosophie comme dans tout le
5 reste. Il a laissé le monde plein, il le trouve vide. A Paris, on voit l'univers composé de tourbillons de matière subtile; à Londres, on ne voit rien de cela. Chez nous, c'est la pression de la lune qui cause le flux de la mer; chez les Anglais, c'est la mer qui gravite vers la lune; de
10 façon que, quand vous croyez que la lune devrait nous donner marée haute, ces messieurs croient qu'on doit avoir marée basse; ce qui malheureusement ne peut se vérifier: car il aurait fallu, pour s'en éclaircir, examiner la lune et les marées au premier instant de la
15 création.

Vous remarquerez encore que le soleil, qui en France n'entre pour rien dans cette affaire, y contribue ici environ pour son quart. Chez vos cartésiens, tout se fait par une impulsion qu'on ne comprend guère; chez
20 M. Newton, c'est par une attraction dont on ne connaît pas mieux la cause. A Paris, vous vous figurez la terre faite comme un melon; à Londres, elle est aplatie des deux côtés. La lumière, pour un cartésien, existe dans l'air; pour un newtonien, elle vient du soleil en six
25 minutes et demie. Votre chimie fait toutes ses opérations avec des acides, des alcalis et de la matière subtile; l'attraction domine jusque dans la chimie anglaise.

L'essence même des choses a totalement changé. Vous ne vous accordez ni sur la définition de l'âme, ni sur celle
30 de la matière. Descartes assure que l'âme est la même chose que la pensée, et Locke lui prouve assez bien le contraire. Descartes assure encore que l'étendue seule fait la matière; Newton y ajoute la solidité.

Voilà de furieuses contrariétés.

35 *Non nostrum inter vos tantas componere lites.*

Ce fameux Newton, ce destructeur du système car-

tésien, mourut au mois de mars de l'an passé 1727. Il a
vécu honoré de ses compatriotes, et a été enterré comme
un roi qui aurait fait du bien à ses sujets.

On a lu ici avec avidité et l'on a traduit en anglais 40
l'*Éloge* que M. de Fontenelle a prononcé de M. Newton
dans l'Académie des sciences. On attendait en Angleterre le jugement de M. de Fontenelle comme une
déclaration solennelle de la supériorité de la philosophie
anglaise; mais, quand on a vu qu'il comparait Descartes 45
à Newton, toute la Société royale de Londres s'est sou-
levée. Loin d'acquiescer au jugement, on a critiqué ce
discours. Plusieurs même (et ceux-là ne sont pas les plus
philosophes) ont été choqués de cette comparaison,
seulement parce que Descartes était Français. 50

Il faut avouer que ces deux grands hommes ont été
bien différents l'un de l'autre dans leur conduite, dans
leur fortune et dans leur philosophie.

Descartes était né avec une imagination vive et forte,
qui en fit un homme singulier dans la vie privée comme 55
dans sa manière de raisonner. Cette imagination ne put
se cacher même dans ses ouvrages philosophiques, où l'on
voit à tout moment des comparaisons ingénieuses et
brillantes. La nature en avait presque fait un poète, et,
en effet, il composa pour la reine de Suède un divertisse- 60
ment en vers, que, pour l'honneur de sa mémoire, on
n'a pas fait imprimer.

Il essaya quelque temps du métier de la guerre, et
depuis, étant devenu tout à fait philosophe, il ne crut pas
indigne de lui de faire l'amour. Il eut de sa maîtresse une 65
fille nommée Francine, qui mourut jeune, et dont il
regretta beaucoup la perte. Ainsi il éprouva tout ce qui
appartient à l'humanité.

Il crut longtemps qu'il était nécessaire de fuir les
hommes, et surtout sa patrie, pour philosopher en liberté. 70
Il avait raison: les hommes de son temps n'en savaient
pas assez pour l'éclaircir, et n'étaient guère capables que
de lui nuire.

Il quitta la France parce qu'il cherchait la vérité, qui
75 y était persécutée alors par la misérable philosophie de
l'école; mais il ne trouva pas plus de raison dans les
universités de la Hollande, où il se retira. Car, dans le
temps qu'on condamnait en France les seules propositions
de sa philosophie qui fussent vraies, il fut aussi persécuté
80 par les prétendus philosophes de Hollande, qui ne l'en-
tendaient pas mieux, et qui, voyant de plus près sa gloire,
haïssaient davantage sa personne. Il fut obligé de sortir
d'Utrecht: il essuya l'accusation d'athéisme, dernière
ressource des calomniateurs; et lui, qui avait employé
85 toute la sagacité de son esprit à chercher de nouvelles
preuves de l'existence d'un Dieu, fut soupçonné de n'en
point reconnaître.

Tant de persécutions supposaient un très grand mérite
et une réputation éclatante: aussi avait-il l'un et l'autre.
90 La raison perça même un peu dans le monde à travers les
ténèbres de l'école et les préjugés de la superstition
populaire. Son nom fit enfin tant de bruit qu'on voulut
l'attirer en France par des récompenses. On lui proposa
une pension de mille écus; il vint sur cette espérance,
95 paya les frais de la patente qui se vendait alors, n'eut
point la pension, et s'en retourna philosopher dans sa
solitude de Nord-Hollande, dans le temps que le grand
Galilée, à l'âge de quatre-vingts ans, gémissait dans les
prisons de l'Inquisition pour avoir démontré le mouve-
100 ment de la terre.

Enfin il mourut à Stockholm d'une mort prématurée,
et causée par un mauvais régime, au milieu de quelques
savants, ses ennemis, et entre les mains d'un médecin qui
le haïssait.

105   La carrière du chevalier Newton a été toute différente:
il a vécu quatre-vingt-cinq ans, toujours tranquille,
heureux, et honoré dans sa patrie.

Son grand bonheur a été non seulement d'être né dans
un pays libre, mais dans un temps où, les impertinences
110 scolastiques étant bannies, la raison seule était cultivée;

et le monde ne pouvait être que son écolier, et non son ennemi.

Une opposition singulière dans laquelle il se trouve avec Descartes, c'est que, dans le cours d'une si longue vie, il n'a eu ni passion ni faiblesse. On peut admirer en 115 cela Newton, mais il ne faut pas blâmer Descartes.

L'opinion publique en Angleterre sur ces deux philosophes est que le premier était un rêveur, et que l'autre était un sage.

Très peu de personnes à Londres lisent Descartes, dont 120 effectivement les ouvrages sont devenus inutiles; très peu lisent aussi Newton, parce qu'il faut être fort savant pour le comprendre. Cependant tout le monde parle d'eux; on n'accorde rien au Français, et on donne tout à l'Anglais. Quelques gens croient que, si on ne s'en tient plus à 125 l'horreur du vide, si on sait que l'air est pesant, si on se sert de lunettes d'approche, on en a l'obligation à Newton. Il est ici l'Hercule de la fable, à qui les ignorants attribuaient tous les faits des autres héros.

Dans une critique qu'on a faite à Londres du discours 130 de M. de Fontenelle, on a osé avancer que Descartes n'était pas un grand géomètre. Ceux qui parlent ainsi peuvent se reprocher de battre leur nourrice; Descartes a fait un aussi grand chemin du point où il a trouvé la géométrie jusqu'au point où il l'a poussée que Newton 135 en a fait après lui: il est le premier qui ait trouvé la manière de donner les équations algébriques des courbes. Sa géométrie, grâce à lui devenue aujourd'hui commune, était de son temps si profonde qu'aucun professeur n'osa entreprendre de l'expliquer, et qu'il n'y avait en Hollande 140 que Schooten, et en France que Fermat, qui l'entendissent.

Il porta cet esprit de géométrie et d'invention dans la dioptrique, qui devint entre ses mains un art tout nouveau; et, s'il s'y trompa en quelque chose, c'est qu'un 145 homme qui découvre de nouvelles terres ne peut tout d'un coup en connaître toutes les propriétés. Ceux qui

viennent après lui et qui rendent ces terres fertiles lui ont
au moins l'obligation de la découverte. Je ne nierai pas
150 que tous les autres ouvrages de M. Descartes ne fourmillent d'erreurs.

La géométrie était un guide que lui-même avait en
quelque façon formé, et qui l'aurait conduit sûrement
dans sa physique; cependant il abandonna à la fin ce
155 guide, et se livra à l'esprit de système. Alors sa philosophie ne fut plus qu'un roman ingénieux, et tout au plus
vraisemblable pour les ignorants. Il se trompa sur la
nature de l'âme, sur les preuves de l'existence de Dieu,
sur la matière, sur les lois du mouvement, sur la nature
160 de la lumière. Il admit des idées innées, il inventa de
nouveaux éléments, il créa un monde, il fit l'homme à sa
mode; et on dit avec raison que l'homme de Descartes
n'est en effet que celui de Descartes, fort éloigné de
l'homme véritable.

165   Il poussa ses erreurs métaphysiques jusqu'à prétendre
que deux et deux ne font quatre que parce que Dieu l'a
voulu ainsi; mais ce n'est point trop dire qu'il était
estimable même dans ses égarements. Il se trompa, mais
ce fut au moins avec méthode et avec un esprit con-
170 séquent; il détruisit les chimères absurdes dont on
infatuait la jeunesse depuis deux mille ans; il apprit aux
hommes de son temps à raisonner et à se servir contre
lui-même de ses armes. S'il n'a pas payé en bonne monnaie, c'est beaucoup d'avoir décrié la fausse.

175   Je ne crois pas qu'on ose, à la vérité, comparer en rien
sa philosophie avec celle de Newton: la première est un
essai, la seconde est un chef-d'œuvre; mais celui qui
nous a mis sur la voie de la vérité vaut peut-être celui qui
a été depuis au bout de cette carrière.

180   Descartes donna la vue aux aveugles; ils virent les
· fautes de l'antiquité et les siennes. La route qu'il ouvrit
est, depuis lui, devenue immense. Le petit livre de
Rohault a fait pendant quelque temps une physique
complète; aujourd'hui tous les recueils des académies de

l'Europe ne sont pas même un commencement de 185
système: en approfondissant cet abîme, il s'est trouvé
infini. Il s'agit maintenant de voir ce que M. Newton a
creusé dans ce précipice.

SUR LE SYSTÈME DE L'ATTRACTION

LES découvertes du chevalier Newton, qui lui ont fait une réputation si universelle, regardent le système
5 du monde, la lumière, l'infini en géométrie, et enfin la chronologie, à laquelle il s'est amusé pour se délasser.

Je vais vous dire (si je puis sans verbiage) le peu que j'ai pu attraper de toutes ces sublimes idées.

À l'égard du système de notre monde, on disputait
10 depuis longtemps sur la cause qui fait tourner et qui retient dans leurs orbites toutes les planètes, et sur celle qui fait descendre ici-bas tous les corps vers la surface de la terre.

Le système de Descartes, expliqué et fort changé
15 depuis lui, semblait rendre une raison plausible de ces phénomènes, et cette raison paraissait d'autant plus vraie qu'elle est simple et intelligible à tout le monde. Mais, en philosophie, il faut se défier de ce qu'on croit entendre trop aisément aussi bien que des choses qu'on n'entend
20 pas.

La pesanteur, la chute accélérée des corps tombant sur la terre, la révolution des planètes dans leurs orbites, leurs rotations autour de leur axe, tout cela n'est que du mouvement; or, le mouvement ne peut être conçu que
25 par impulsion: donc tous ces corps sont poussés. Mais par quoi le sont-ils? Tout l'espace est plein, donc il est rempli d'une matière très subtile, puisque nous ne l'apercevons pas; donc cette matière va d'occident en orient,
30 puisque c'est d'occident en orient que toutes les planètes sont entraînées. Ainsi, de supposition en supposition et de vraisemblance en vraisemblance, on a imaginé un vaste tourbillon de matière subtile, dans lequel les planètes sont entraînées autour du soleil; on crée encore un autre tourbillon particulier qui nage dans le grand et qui tourne
35 journellement autour de la planète. Quand tout cela est

fait, on prétend que la pesanteur dépend de ce mouvement journalier: car, dit-on, la matière subtile qui tourne
autour de notre petit tourbillon doit aller dix-sept fois
plus vite que la terre; or, si elle va dix-sept fois plus vite
que la terre, elle doit avoir incomparablement plus de 40
force centrifuge, et repousser par conséquent tous les
corps vers la terre. Voilà la cause de la pesanteur dans le
système cartésien.

Mais, avant que de calculer la force centrifuge et la
vitesse de cette matière subtile, il fallait s'assurer qu'elle 45
existât, et, supposé qu'elle existe, il est encore démontré
faux qu'elle puisse être la cause de la pesanteur.

M. Newton semble anéantir sans ressource tous ces
tourbillons grands et petits, et celui qui emporte les
planètes autour du soleil, et celui qui fait tourner chaque 50
planète sur elle-même.

1º A l'égard du prétendu petit tourbillon de la terre,
il est prouvé qu'il doit perdre petit à petit son mouvement; il est prouvé que, si la terre nage dans un fluide,
ce fluide doit être de la même densité que la terre; et, si 55
ce fluide est de la même densité, tous les corps que nous
remuons doivent éprouver une résistance extrême, c'est-
à-dire qu'il faudrait un levier de la longueur de la terre
pour soulever le poids d'une livre.

2º A l'égard des grands tourbillons, ils sont encore 60
plus chimériques: il est impossible de les accorder avec
les règles de Kepler, dont la vérité est démontrée.
M. Newton fait voir que la révolution du fluide dans
lequel Jupiter est supposé entraîné n'est pas avec la
révolution du fluide de la terre comme la révolution de 65
Jupiter est avec celle de la terre.

Il prouve que, toutes les planètes faisant leurs révolutions dans des ellipses, et, par conséquent, étant bien
plus éloignées les unes des autres dans leurs périhélies
et bien plus proches dans leurs aphélies, la terre, par 70
exemple, devrait aller plus vite quand elle est plus près
de Vénus et de Mars, puisque le fluide qui l'emporte,

étant alors plus pressé, doit avoir plus de mouvement, et
cependant c'est alors même que le mouvement de la terre
75 est plus ralenti.

Il prouve qu'il n'y a point de matière céleste qui aille
d'occident en orient, puisque les comètes traversent ces
espaces tantôt de l'orient à l'occident, tantôt du septentrion au midi.

80   Enfin, pour mieux trancher encore, s'il est possible,
toute difficulté, il prouve, ou du moins rend fort probable,
et même par des expériences, que le plein est impossible,
et il nous ramène le vide, qu'Aristote et Descartes avaient
banni du monde.

85   Ayant, par toutes ces raisons et par beaucoup d'autres
encore, renversé les tourbillons du cartésianisme, il
désespérait de pouvoir connaître jamais s'il y a un principe
secret dans la nature qui cause à la fois le mouvement de
tous les corps célestes et qui fait la pesanteur sur la terre.
90 S'étant retiré, en 1666, à la campagne, près de Cambridge, un jour qu'il se promenait dans son jardin et qu'il
voyait des fruits tomber d'un arbre, il se laissa aller à une
méditation profonde sur cette pesanteur dont tous les
philosophes ont cherché si longtemps la cause en vain,
95 et dans laquelle le vulgaire ne soupçonne pas même de
mystère. Il se dit à lui-même : " De quelque hauteur dans
notre hémisphère que tombassent ces corps, leur chute
serait certainement dans la progression découverte par
Galilée, et les espaces parcourus par eux seraient comme
100 les carrés des temps. Ce pouvoir qui fait descendre les
corps graves est le même sans aucune diminution sensible,
à quelque profondeur qu'on soit dans la terre et sur la
plus haute montagne. Pourquoi ce pouvoir ne s'éten-
drait-il pas jusqu'à la lune ? Et, s'il est vrai qu'il pénètre
105 jusque-là, n'y a-t-il pas grande apparence que ce pouvoir
la retient dans son orbite et détermine son mouvement ?
Mais, si la lune obéit à ce principe, quel qu'il soit, n'est-il
pas encore très raisonnable de croire que les autres
planètes y sont également soumises ?

"Si ce pouvoir existe, il doit (ce qui est prouvé 110 d'ailleurs) augmenter en raison renversée des carrés des distances. Il n'y a donc plus qu'à examiner le chemin que ferait un corps grave en tombant sur la terre d'une hauteur médiocre, et le chemin que ferait dans le même temps un corps qui tomberait de l'orbite de la lune. Pour 115 en être instruit, il ne s'agit plus que d'avoir la mesure de la terre et la distance de la lune à la terre."

Voilà comment M. Newton raisonna. Mais on n'avait alors en Angleterre que de très fausses mesures de notre globe; on s'en rapportait à l'estime incertaine des pilotes, 120 qui comptaient soixante milles d'Angleterre pour un degré, au lieu qu'il en fallait compter près de soixante et dix. Ce faux calcul ne s'accordant pas avec les conclusions que M. Newton voulait tirer, il les abandonna. Un philosophe médiocre, et qui n'aurait eu que de la vanité, 125 eût fait cadrer comme il eût pu la mesure de la terre avec son système. M. Newton aima mieux abandonner alors son projet. Mais, depuis que M. Picard eut mesuré la terre exactement, en traçant cette méridienne qui fait tant d'honneur à la France, M. Newton reprit ses premières 130 idées, et il trouva son compte avec le calcul de M. Picard. C'est une chose qui me paraît toujours admirable qu'on ait découvert de si sublimes vérités avec l'aide d'un quart de cercle et d'un peu d'arithmétique.

La circonférence de la terre est de cent vingt-trois 135 millions deux cent quarante-neuf mille six cents pieds de Paris. De cela seul peut suivre tout le système de l'attraction.

On connaît la circonférence de la terre, on connaît celle de l'orbite de la lune et le diamètre de cet orbite. La 140 révolution de la lune dans cet orbite se fait en vingt-sept jours sept heures quarante-trois minutes: donc il est démontré que la lune, dans son mouvement moyen, parcourt cent quatre-vingt sept mille neuf cent soixante pieds de Paris par minute; et, par un théorème connu, il est 145 démontré que la force centrale qui ferait tomber un corps

de la hauteur de la lune ne le ferait tomber que de quinze
pieds de Paris dans la première minute.

Maintenant, si la règle par laquelle les corps pèsent,
150 gravitent, s'attirent en raison inverse des carrés des
distances, est vraie; si c'est le même pouvoir qui agit
suivant cette règle dans toute la nature, il est évident que,
la terre étant éloignée de la lune de soixante demi-
diamètres, un corps grave doit tomber sur la terre de
155 quinze pieds dans la première seconde, et de cinquante-
quatre mille pieds dans la première minute.

Or est-il qu'un corps grave tombe en effet de quinze
pieds dans la première seconde, et parcourt dans la
première minute cinquante-quatre mille pieds, lequel
160 nombre est le carré de soixante multiplié par quinze;
donc les corps pèsent en raison inverse des carrés des
distances; donc le même pouvoir fait la pesanteur sur la
terre et retient la lune dans son orbite.

Étant donc démontré que la lune pèse sur la terre, qui
165 est le centre de son mouvement particulier, il est démontré que la terre et la lune pèsent sur le soleil, qui est
le centre de leur mouvement annuel.

Les autres planètes doivent être soumises à cette loi
générale, et, si cette loi existe, ces planètes doivent suivre
170 les règles trouvées par Kepler. Toutes ces règles, tous ces
rapports, sont en effet gardés par les planètes avec la
dernière exactitude : donc le pouvoir de la gravitation fait
peser toutes les planètes vers le soleil, de même que notre
globe ; enfin, la réaction de tout corps étant proportionnelle
175 à l'action, il demeure certain que la terre pèse à son tour
sur la lune, et que le soleil pèse sur l'une et sur l'autre ;
que chacun des satellites de Saturne pèse sur les quatre,
et les quatre sur lui; tous cinq sur Saturne, Saturne sur
tous; qu'il en est ainsi de Jupiter, et que tous ces globes
180 sont attirés par le soleil, réciproquement attiré par eux.

Ce pouvoir de gravitation agit à proportion de la
matière que renferment les corps : c'est une vérité que
M. Newton a démontrée par des expériences. Cette

nouvelle découverte a servi à faire voir que le soleil,
centre de toutes les planètes, les attire toutes en raison 185
directe de leurs masses combinées avec leur éloignement.
De là, s'élevant par degrés jusqu'à des connaissances qui
semblaient n'être pas faites pour l'esprit humain, il ose
calculer combien de matière contient le soleil et combien
il s'en trouve dans chaque planète; et ainsi il fait voir 190
que, par les simples lois de la mécanique, chaque globe
céleste doit être nécessairement à la place où il est. Son
seul principe des lois de la gravitation rend raison de
toutes les inégalités apparentes dans le cours des globes
célestes. Les variations de la lune deviennent une suite 195
nécessaire de ces lois. De plus, on voit évidemment pourquoi les nœuds de la lune font leurs révolutions en dix-
neuf ans, et ceux de la terre dans l'espace d'environ vingt-
six mille années. Le flux et le reflux de la mer est encore
un effet très simple de cette attraction. La proximité de 200
la lune dans son plein et quand elle est nouvelle, et son
éloignement dans ses quartiers, combinés avec l'action du
soleil, rendent une raison sensible de l'élévation et de
l'abaissement de l'océan.

Après avoir rendu compte, par sa sublime théorie, du 205
cours et des inégalités des planètes, il assujettit les
comètes au frein de la même loi. Ces feux si longtemps
inconnus, qui étaient la terreur du monde et l'écueil de
la philosophie, placés par Aristote au-dessous de la lune,
et renvoyés par Descartes au-dessus de Saturne, sont mis 210
enfin à leur véritable place par Newton.

Il prouve que ce sont des corps solides qui se meuvent
dans la sphère de l'action du soleil, et décrivent une ellipse
si excentrique et si approchante de la parabole que
certaines comètes doivent mettre plus de cinq cents ans 215
dans leur révolution.

M. Halley croit que la comète de 1680 est la même qui
parut du temps de Jules César: celle-là surtout sert plus
qu'une autre à faire voir que les comètes sont des corps
durs et opaques, car elle descendit si près du soleil qu'elle 220

n'en était éloignée que d'une sixième partie de son disque ; elle dut par conséquent acquérir un degré de chaleur deux mille fois plus violent que celui du fer le plus en-flammé. Elle aurait été dissoute et consommée en peu
225 de temps si elle n'avait pas été un corps opaque. La mode commençait alors de deviner le cours des comètes. Le célèbre mathématicien Jacques Bernouilli conclut, par son système, que cette fameuse comète de 1680 reparaî-trait le 17 mai 1719. Aucun astronome de l'Europe ne se
230 coucha cette nuit du 17 mai, mais la fameuse comète ne parut point. Il y a au moins plus d'adresse, s'il n'y a pas plus de sûreté, à lui donner cinq cent soixante-quinze ans pour revenir. Un géomètre anglais, nommé Whiston, non moins chimérique que géomètre, a sérieusement affirmé
235 que, du temps du déluge, il y avait eu une comète qui avait inondé notre globe, et il a eu l'injustice de s'étonner qu'on se soit moqué de lui. L'antiquité pensait à peu près dans le goût de Whiston : elle croyait que les comètes étaient toujours les avant-courrières de quelque grand
240 malheur sur la terre. Newton au contraire soupçonne qu'elles sont très bienfaisantes, et que les fumées qui en sortent ne servent qu'à secourir et vivifier les planètes, qui s'imbibent dans leur cours de toutes ces particules que le soleil a détachées des comètes. Ce sentiment est
245 du moins plus probable que l'autre.

Ce n'est pas tout : si cette force de gravitation, d'at-traction, agit dans tous les globes célestes, elle agit sans doute sur toutes les parties de ces globes : car, si les corps s'attirent en raison de leurs masses, ce ne peut être qu'en
250 raison de la quantité de leurs parties ; et si ce pouvoir est logé dans le tout, il l'est sans doute dans la moitié, il l'est dans le quart, dans la huitième partie, ainsi jusqu'à l'infini. De plus, si ce pouvoir n'était pas également dans chaque partie, il y aurait toujours quelques côtés du globe qui
255 graviteraient plus que les autres, ce qui n'arrive pas : donc ce pouvoir existe réellement dans toute la matière, et dans les plus petites particules de la matière.

Ainsi voilà l'attraction qui est le grand ressort qui fait mouvoir toute la nature.

Newton avait bien prévu, après avoir démontré l'exis- 260 tence de ce principe, qu'on se révolterait contre ce seul nom : dans plus d'un endroit de son livre il précautionne son lecteur contre l'attraction même, il l'avertit de ne la pas confondre avec les qualités occultes des anciens, et de se contenter de connaître qu'il y a 265 dans tous les corps une force centrale qui agit d'un bout de l'univers à l'autre sur les corps les plus proches et sur les plus éloignés, suivant les lois immuables de la mécanique.

Il est étonnant qu'après les protestations solennelles 270 de ce grand philosophe, M. Saurin et M. de Fontenelle, qui eux-mêmes méritent ce nom, lui aient reproché nette-ment les chimères du péripatétisme : M. Saurin, dans les *Mémoires de l'Académie* de 1709, et M. de Fontenelle, dans *l'Éloge* même de M. Newton. 275

Presque tous les Français, savants et autres, ont répété ce reproche. On entend dire partout : "Pourquoi Newton ne s'est-il pas servi du mot d'impulsion, que l'on com-prend si bien, plutôt que du terme d'attraction, qu'on ne comprend pas ? " 280

Newton aurait pu répondre à ces critiques :

Premièrement, vous n'entendez pas plus le mot d'im-pulsion que celui d'attraction, et, si vous ne concevez pas pourquoi un corps tend vers le centre d'un autre corps, vous n'imaginez pas plus par quelle vertu un corps en 285 peut pousser un autre.

Secondement, je n'ai pas pu admettre l'impulsion : car il faudrait pour cela que j'eusse connu qu'une matière céleste pousse en effet les planètes ; or, non seulement je ne connais point cette matière, mais j'ai prouvé qu'elle 290 n'existe pas.

Troisièmement, je ne me sers du mot d'attraction que pour exprimer un effet que j'ai découvert dans la nature, effet certain et indisputable d'un principe inconnu,

295 qualité inhérente dans la matière, dont de plus habiles
que moi trouveront, s'ils peuvent, la cause.

Que nous avez-vous donc appris, insiste-t-on encore,
et pourquoi tant de calculs pour nous dire ce que vous-
même ne comprenez pas?

300   Je vous ai appris (pourrait continuer Newton) que la
mécanique des forces centrales fait peser tous les corps
à proportion de leur matière, que ces forces centrales font
seules mouvoir les planètes et les comètes dans des proportions marquées. Je vous démontre qu'il est impossible
305 qu'il y ait une autre cause de la pesanteur et du mouvement de tous les corps célestes: car les corps graves
tombent sur la terre selon la proportion démontrée des
forces centrales, et, les planètes achevant leur cours
suivant ces mêmes proportions, s'il y avait encore un
310 autre pouvoir qui agît sur tous ces corps, il augmenterait
leurs vitesses, ou changerait leurs directions. Or, jamais
aucun de ces corps n'a un seul degré de mouvement, de
vitesse, de détermination, qui ne soit démontré être l'effet
des forces centrales: donc il est impossible qu'il y ait un
315 autre principe.

Qu'il me soit permis de faire encore parler un moment
Newton; ne sera-t-il pas bien reçu à dire: Je suis dans un
cas bien différent des anciens: ils voyaient, par exemple,
l'eau monter dans les pompes, et ils disaient: "L'eau
320 monte parce qu'elle a horreur du vide"; mais moi, je
suis dans le cas de celui qui aurait remarqué le premier
que l'eau monte dans les pompes, et qui laisserait à
d'autres le soin d'expliquer la cause de cet effet. L'anatomiste qui a dit le premier que le bras se remue parce
325 que les muscles se contractent enseigna aux hommes une
vérité incontestable; lui en aura-t-on moins d'obligation
parce qu'il n'a pas su pourquoi les muscles se contractent?
La cause du ressort de l'air est inconnue, mais celui qui
a découvert ce ressort a rendu un grand service à la
330 physique. Le ressort que j'ai découvert était plus caché,
plus universel: ainsi on doit m'en savoir plus de gré. J'ai

découvert une nouvelle propriété de la matière, un des secrets du Créateur; j'en ai calculé, j'en ai démontré les effets : peut-on me chicaner sur le nom que je lui donne?

Ce sont les tourbillons qu'on peut appeler une qualité 335 occulte, puisqu'on n'a jamais prouvé leur existence. L'attraction, au contraire, est une chose réelle, puisqu'on en démontre les effets et qu'on en calcule les proportions. La cause de cette cause est dans le sein de Dieu. *Procedes huc, et non ibis amplius.*   340

SUR L'OPTIQUE DE M. NEWTON

UN nouvel univers a été découvert par les philosophes
du dernier siècle, et ce monde nouveau était d'autant
5 plus difficile à connaître qu'on ne se doutait pas même
qu'il existât. Il semblait aux plus sages que c'était une
témérité d'oser seulement songer qu'on pût deviner par
quelles lois les corps célestes se meuvent, et comment la
lumière agit.

10 Galilée, par ses découvertes astronomiques, Kepler,
par ses calculs, Descartes, au moins dans sa *Dioptrique*,
et Newton, dans tous ses ouvrages, ont vu la mécanique
des ressorts du monde. Dans la géométrie on a assujetti
l'infini au calcul. La circulation du sang dans les animaux
15 et de la sève dans les végétables a changé pour nous la
nature. Une nouvelle manière d'exister a été donnée aux
corps dans la machine pneumatique; les objets se sont
rapprochés de nos yeux à l'aide des télescopes; enfin, ce
que Newton a découvert sur la lumière est digne de tout
20 ce que la curiosité des hommes pouvait attendre de plus
hardi après tant de nouveautés.

Jusqu'à Antonio de Dominis, l'arc-en-ciel avait paru
un miracle inexplicable: ce philosophe devina que c'était
un effet nécessaire de la pluie et du soleil. Descartes
25 rendit son nom immortel par l'explication mathématique
de ce phénomène si naturel: il calcula les réflexions et les
réfractions de la lumière dans les gouttes de pluie, et cette
sagacité eut alors quelque chose de divin.

Mais qu'aurait-il dit si on lui avait fait connaître qu'il
30 se trompait sur la nature de la lumière; qu'il n'avait
aucune raison d'assurer que c'était un corps globuleux;
qu'il est faux que cette matière, s'étendant par tout
l'univers, n'attende, pour être mise en action, que d'être
poussée par le soleil, ainsi qu'un long bâton qui agit à
35 un bout quand il est pressé par l'autre; qu'il est très vrai

qu'elle est dardée par le soleil, et qu'enfin la lumière est
transmise du soleil à la terre en près de sept minutes,
quoique un boulet de canon, conservant toujours sa
vitesse, ne puisse faire ce chemin qu'en vingt-cinq
années?   40
   Quel eût été son étonnement si on lui avait dit: Il est
faux que la lumière se réfléchisse directement en re-
bondissant sur les parties solides des corps; il est faux
que les corps soient transparents quand ils ont des pores
larges, et il viendra un homme qui démontrera ces para- 45
doxes, et qui anatomisera un seul rayon de lumière avec
plus de dextérité que le plus habile artiste ne dissèque le
corps humain!
   Cet homme est venu. Newton, avec le seul secours du
prisme, a démontré aux yeux que la lumière est un amas 50
de rayons colorés, qui, tous ensemble, donnent la couleur
blanche. Un seul rayon est divisé par lui en sept rayons,
qui viennent tous se placer sur un linge ou sur un papier
blanc dans leur ordre, l'un au-dessus de l'autre et à
d'inégales distances: le premier est couleur de feu; le 55
second, citron; le troisième, jaune; le quatrième, vert;
le cinquième, bleu; le sixième, indigo; le septième, violet.
Chacun de ces rayons, tamisé ensuite par cent autres
prismes, ne changera jamais la couleur qu'il porte, de
même qu'un or épuré ne change plus dans les creusets; et, 60
pour surabondance de preuve que chacun de ces rayons
élémentaires porte en soi ce qui fait sa couleur à nos yeux,
prenez un petit morceau de bois jaune, par exemple, et
exposez-le au rayon couleur de feu, ce bois se teint à
l'instant en couleur de feu; exposez-le au rayon vert, il 65
prend la couleur verte, et ainsi du reste.
   Quelle est donc la cause des couleurs dans la nature?
Rien autre chose que la disposition des corps à réfléchir
les rayons d'un certain ordre, et à absorber tous les autres.
Quelle est cette secrète disposition? Il démontre que 70
c'est uniquement l'épaisseur des petites parties cons-
tituantes dont un corps est composé. Et comment se

fait cette réflexion? On pensait que c'était parce que les
rayons rebondissaient comme une balle sur la surface
75 d'un corps solide. Point du tout: Newton enseigne aux
philosophes étonnés que les corps ne sont opaques que
parce que leurs pores sont larges; que la lumière se
réfléchit à nos yeux du sein de ces pores mêmes; que,
plus les pores d'un corps sont petits, plus le corps est
80 transparent: ainsi le papier, qui réfléchit la lumière quand
il est sec, la transmet quand il est huilé, parce que l'huile,
remplissant ses pores, les rend beaucoup plus petits.

C'est là qu'examinant l'extrême porosité des corps,
chaque partie ayant ses pores, et chaque partie de ses
85 parties ayant les siens, il fait voir qu'on n'est point assuré
qu'il y ait un pouce cubique de matière solide dans
l'univers; tant notre esprit est éloigné de concevoir ce
que c'est que la matière.

Ayant ainsi décomposé la lumière, et ayant porté la
90 sagacité de ses découvertes jusqu'à démontrer le moyen
de connaître la couleur composée par les couleurs
primitives, il fait voir que ces rayons élémentaires,
séparés par le moyen du prisme, ne sont arrangés dans
leur ordre que parce qu'ils sont réfractés en cet ordre
95 même; et c'est cette propriété, inconnue jusqu'à lui, de
se rompre dans cette proportion, c'est cette réfraction
inégale des rayons, ce pouvoir de réfracter le rouge
moins que la couleur orangée, etc., qu'il nomme *réfrangibilité.*

100   Les rayons les plus réflexibles sont les plus réfrangibles:
de là il fait voir que le même pouvoir cause la réflexion
et la réfraction de la lumière.

Tant de merveilles ne sont que le commencement de
ses découvertes: il a trouvé le secret de voir les vibrations
105 et les secousses de lumière qui vont et viennent sans fin,
et qui transmettent la lumière ou la réfléchissent selon
l'épaisseur des parties qu'elles rencontrent; il a osé
calculer l'épaisseur des particules d'air nécessaire entre
deux verres posés l'un sur l'autre, l'un plat, l'autre con-

vexe d'un côté, pour opérer telle transmission ou réflexion, 110
et pour faire telle ou telle couleur.

De toutes ces combinaisons, il trouve en quelle proportion la lumière agit sur les corps, et les corps agissent
sur elle.

Il a si bien vu la lumière qu'il a déterminé à quel point 115
l'art de l'augmenter et d'aider nos yeux par des télescopes
doit se borner.

Descartes, par une noble confiance bien pardonnable
à l'ardeur que lui donnaient les commencements d'un art
presque découvert par lui, Descartes espérait voir dans 120
les astres, avec des lunettes d'approche, des objets aussi
petits que ceux qu'on discerne sur la terre.

Newton a montré qu'on ne peut plus perfectionner les
lunettes, à cause de cette réfraction et de cette réfrangibilité mêmes, qui, en nous rapprochant les objets, 125
écartent trop les rayons élémentaires ; il a calculé dans ces
verres la proportion de l'écartement des rayons rouges
et des rayons bleus, et, portant la démonstration dans des
choses dont on ne soupçonnait pas même l'existence, il
examine les inégalités que produit la figure du verre et 130
celle que fait la réfrangibilité. Il trouve que, le verre
objectif de la lunette étant convexe d'un côté et plat de
l'autre, si le côté plat est tourné vers l'objet, le défaut qui
vient de la construction et de la position du verre est cinq
mille fois moindre que le défaut qui vient par la réfran- 135
gibilité, et qu'ainsi ce n'est pas la figure des verres qui
fait qu'on ne peut perfectionner les lunettes d'approche,
mais qu'il faut s'en prendre à la matière même de la
lumière.

Voilà pourquoi il inventa un télescope qui montre les 140
objets par réflexion, et non point par réfraction. Cette
nouvelle sorte de lunette est très difficile à faire, et n'est
pas d'un usage bien aisé ; mais on dit en Angleterre qu'un
télescope de cinq pieds fait le même effet qu'une lunette
d'approche de cent pieds.   145

SUR L'INFINI ET SUR LA CHRONOLOGIE

LE labyrinthe et l'abîme de l'infini est aussi une carrière
5 nouvelle parcourue par Newton, et on tient de lui le
fil avec lequel on s'y peut conduire.

Descartes se trouve encore son précurseur dans cette
étonnante nouveauté: il allait à grands pas dans sa
géométrie jusque vers l'infini, mais il s'arrêta sur le bord.
10 M. Wallis, vers le milieu du dernier siècle, fut le premier
qui réduisit une fraction, par une division perpétuelle,
à une suite infinie.

Milord Brouncker se servit de cette suite pour carrer
l'hyperbole.

15 Mercator publia une démonstration de cette quadra-
ture. Ce fut à peu près dans ce temps que Newton, à l'âge
de vingt-trois ans, avait inventé une méthode générale
pour faire sur toutes les courbes ce qu'on venait d'essayer
sur l'hyperbole.

20 C'est cette méthode de soumettre partout l'infini au
calcul algébrique que l'on appelle *calcul différentiel* ou *des
fluxions*, et *calcul intégral*. C'est l'art de nombrer et de
mesurer avec exactitude ce dont on ne peut pas même
concevoir l'existence.

25 En effet, ne croiriez-vous pas qu'on veut se moquer
de vous quand on vous dit qu'il y a des lignes infiniment
grandes qui forment un angle infiniment petit?

Qu'une droite, qui est droite tant qu'elle est finie,
changeant infiniment de direction, devient courbe infinie;
30 qu'une courbe peut devenir infiniment moins courbe?

Qu'il y a des carrés d'infini, des cubes d'infini, et des
infinis d'infini, dont le pénultième n'est rien par rapport
au dernier?

Tout cela, qui paraît d'abord l'excès de la déraison, est
35 en effet l'effort de la finesse et de l'étendue de l'esprit

humain, et la méthode de trouver des vérités qui étaient
jusqu'alors inconnues.

Cet édifice si hardi est même fondé sur des idées simples.

Il s'agit de mesurer la diagonale d'un carré, d'avoir l'aire
d'une courbe, de trouver une racine carrée à un nombre 40
qui n'en a point dans l'arithmétique ordinaire.

Et, après tout, tant d'ordres d'infinis ne doivent pas
plus révolter l'imagination que cette proposition si connue
qu'entre un cercle et une tangente on peut toujours faire
passer des courbes; ou cette autre, que la matière est 45
toujours divisible. Ces deux vérités sont depuis longtemps démontrées, et ne sont pas plus compréhensibles
que le reste.

On a disputé longtemps à Newton l'invention de ce
fameux calcul. M. Leibnitz a passé en Allemagne pour 50
l'inventeur des différences que Newton appelle *fluxions*,
et Bernouilli a revendiqué le calcul intégral; mais l'honneur de la première découverte est demeuré à Newton, et
il est resté aux autres la gloire d'avoir pu faire douter
entre eux et lui.   55

C'est ainsi que l'on contesta à Harvey la découverte de
la circulation du sang, à M. Perrault celle de la circulation
de la sève. Hartsoeker et Leuwenhoeck se sont contesté
l'honneur d'avoir vu le premier les petits vermisseaux
dont nous sommes faits. Ce même Hartsoeker a disputé 60
à M. Huyghens l'invention d'une nouvelle manière de
calculer l'éloignement d'une étoile fixe. On ne sait encore
quel philosophe trouvera le problème de la roulette.

Quoi qu'il en soit, c'est par cette géométrie de l'infini
que Newton est parvenu aux plus sublimes connaissances. 65

Il me reste à vous parler d'un autre ouvrage plus à la
portée du genre humain, mais qui se sent toujours de cet
esprit créateur que Newton portait dans toutes ses
recherches. C'est une chronologie toute nouvelle: car,
dans tout ce qu'il entreprenait, il fallait qu'il changeât les 70
idées reçues par les autres hommes.

Accoutumé à débrouiller des chaos, il a voulu porter

au moins quelque lumière dans celui de ces fables an-
ciennes confondues avec l'histoire, et fixer une chrono-
75 logie incertaine. Il est vrai qu'il n'y a point de famille,
de ville, de nation, qui ne cherche à reculer son origine.
De plus, les premiers historiens sont les plus négligents
à marquer les dates. Les livres étant moins communs
mille fois qu'aujourd'hui, et par conséquent moins ex-
80 posés à la critique, on trompait le monde plus impuné-
ment; et, puisqu'on a évidemment supposé des faits, il
est assez probable qu'on a aussi supposé des dates.

En général, il parut à Newton que le monde était de
cinq cents ans plus jeune que les chronologistes ne le
85 disent; il fonde son idée sur le cours ordinaire de la nature
et sur les observations astronomiques.

On entend ici, par le cours de la nature, le temps de
chaque génération des hommes. Les Égyptiens s'étaient
servis les premiers de cette manière incertaine de compter
90 quand ils voulurent écrire les commencements de leur
histoire. Ils comptaient trois cent quarante et une
générations depuis Ménès jusqu'à Séthon, et, n'ayant pas
de dates fixes, ils évaluèrent trois générations à cent ans.
Ainsi ils comptaient, du règne de Ménès au règne de
95 Séthon, onze mille trois cent quarante années. Les Grecs,
avant de compter par olympiades, suivirent la méthode
des Égyptiens, et étendirent même un peu la durée des
générations, poussant chaque génération jusqu'à quarante
années.
100   Or, en cela, les Égyptiens et les Grecs se trompèrent
dans leur calcul. Il est bien vrai que, selon le cours
ordinaire de la nature, trois générations font environ cent
à six-vingts ans; mais il s'en faut bien que trois règnes
tiennent ce nombre d'années. Il est très évident qu'en
105 général les hommes vivent plus longtemps que les rois ne
règnent. Ainsi un homme qui voudra écrire l'histoire
sans avoir de dates précises, et qui saura qu'il y a eu neuf
rois chez une nation, aura grand tort s'il compte trois
cents ans pour ces neuf rois. Chaque génération est

d'environ trente-six ans, chaque règne est environ de 110
vingt, l'un portant l'autre. Prenez les trente rois d'Angleterre, depuis Guillaume le Conquérant jusqu'à George Ier,
ils ont régné six cent quarante-huit ans, ce qui, réparti
sur les trente rois, donne à chacun vingt et un ans et
demi de règne. Soixante-trois rois de France ont régné, 115
l'un portant l'autre, chacun à peu près vingt ans. Voilà
le cours ordinaire de la nature; donc les anciens se sont
trompés quand ils ont égalé en général la durée des règnes
à la durée des générations; donc ils ont trop compté; donc
il est à propos de retrancher un peu de leur calcul. 120

    Les observations astronomiques semblent prêter encore
un plus grand secours à notre philosophe; il en paraît plus
fort en combattant sur son terrain.

    Vous savez, Monsieur, que la terre, outre son mouve-
ment annuel qui l'emporte autour du soleil d'occident en 125
orient dans l'espace d'une année, a encore une révolution
singulière, tout à fait inconnue jusqu'à ces derniers temps.
Ses pôles ont un mouvement très lent de rétrogradation
d'orient en occident, qui fait que chaque jour leur position
ne répond pas précisément aux mêmes points du ciel. 130
Cette différence, insensible en une année, devient assez
forte avec le temps, et au bout de soixante-douze ans
on trouve que la différence est d'un degré, c'est-à-dire de
la trois cent soixantième partie de tout le ciel. Ainsi,
après soixante-douze années, le colure de l'équinoxe 135
du printemps, qui passait par une fixe, répond à une
autre fixe. De là vient que le soleil, au lieu d'être dans
la partie du ciel où était le bélier du temps d'Hipparque,
se trouve répondre à cette partie du ciel où était le
taureau, et les gémeaux sont à la place où le taureau était 140
alors. Tous les signes ont changé de place; cependant
nous retenons toujours la manière de parler des anciens:
nous disons que le soleil est dans le bélier au printemps,
par la même condescendance que nous disons que le
soleil tourne. 145

    Hipparque fut le premier chez les Grecs qui s'aperçut

de quelques changements dans les constellations par
rapport aux équinoxes, ou plutôt qui l'apprit des Égyptiens. Les philosophes attribuèrent ce mouvement aux
150 étoiles, car alors on était bien loin d'imaginer une telle
révolution dans la terre : on la croyait en tous sens im-
mobile. Ils créèrent donc un ciel où ils attachèrent toutes
les étoiles, et donnèrent à ce ciel un mouvement particulier
qui le faisait avancer vers l'orient, pendant que toutes les
155 étoiles semblaient faire leur route journalière d'orient en
occident. A cette erreur ils en ajoutèrent une seconde bien
plus essentielle : ils crurent que le ciel prétendu des étoiles
fixes avançait vers l'orient d'un degré en cent années.
Ainsi ils se trompèrent dans leur calcul astronomique
160 aussi bien que dans leur système physique. Par exemple,
un astronome aurait dit alors : "L'équinoxe du printemps a été, du temps de tel observateur, dans tel
signe, à telle étoile ; il a fait deux degrés de chemin
depuis cet observateur jusqu'à nous : or deux degrés
165 valent deux cents ans, donc cet observateur vivait deux
cents ans avant moi " ; il est certain qu'un astronome qui
eût raisonné ainsi se serait trompé justement de cinquante-
quatre ans. Voilà pourquoi les anciens, doublement
trompés, composèrent leur grande année. du monde,
170 c'est-à-dire de la révolution de tout le ciel, d'environ
trente-six mille ans. Mais les modernes savent que cette
révolution imaginaire du ciel des étoiles n'est autre chose
que la révolution des pôles de la terre, qui se fait en vingt-
cinq mille neuf cents années. Il est bon de remarquer ici
175 en passant que Newton, en déterminant la figure de la
terre, a très heureusement expliqué la raison de cette
révolution.

Tout cela posé, il reste, pour fixer la chronologie, de
voir par quelle étoile le colure de l'équinoxe coupe
180 aujourd'hui l'écliptique au printemps, et de savoir s'il ne
se trouve point quelque ancien qui nous ait dit en quel
point l'écliptique était coupée de son temps par le même
colure des équinoxes.

Clément Alexandrin rapporte que Chiron, qui était de l'expédition des Argonautes, observa les constellations au temps de cette fameuse expédition, et fixa l'équinoxe du printemps au milieu du bélier, l'équinoxe de l'automne au milieu de la balance, le solstice de notre été au milieu du cancer, et le solstice d'hiver au milieu du capricorne. 185

Longtemps après l'expédition des Argonautes, et un an avant la guerre du Péloponèse, Méton observa que le point du solstice d'été passait par le huitième degré du cancer. 190

Or, chaque signe du zodiaque est de trente degrés. Du temps de Chiron, le solstice était à la moitié du signe, c'est-à-dire au quinzième degré; un an avant la guerre du Péloponèse il était au huitième, donc il avait retardé de sept degrés. Un degré vaut soixante-douze ans; donc, du commencement de la guerre du Péloponèse à l'entreprise des Argonautes, il n'y a que sept fois soixante-douze ans, qui font cinq cent quatre ans, et non pas sept cents années, comme le disaient les Grecs. Ainsi, en comparant l'état du ciel d'aujourd'hui à l'état où il était alors, nous voyons que l'expédition des Argonautes doit être placée environ neuf cents ans avant Jésus-Christ, et non pas environ quatorze cents ans, et que par consé-quent le monde est moins vieux d'environ cinq cents ans qu'on ne pensait. Par là toutes les époques sont rapprochées, et tout s'est fait plus tard qu'on ne le dit. Je ne sais si ce système ingénieux fera une grande fortune, et si on voudra se résoudre sur ces idées à réformer la chronologie du monde. Peut-être les savants trouveraient-ils que c'en serait trop d'accorder à un même homme l'honneur d'avoir perfectionné à la fois la physique, la géométrie et l'histoire: ce serait une espèce de monarchie universelle dont l'amour-propre s'accommode malaisé-ment. Aussi, dans le temps que de très grands philosophes l'attaquaient sur l'attraction, d'autres combattaient son système chronologique. Le temps, qui devrait faire voir à qui la victoire est due, ne fera peut-être que laisser la dispute plus indécise. 195 200 205 210 215 220

DIX-HUITIÈME LETTRE

SUR LA TRAGÉDIE

LES Anglais avaient déjà un théâtre aussi bien que les Espagnols, quand les Français n'avaient que des
5 tréteaux. Shakespeare, qui passait pour le Corneille des Anglais, fleurissait à peu près dans le temps de Lope de Vega: il créa le théâtre; il avait un génie plein de force et de fécondité, de naturel et de sublime, sans la moindre étincelle de bon goût, et sans la moindre connaissance des
10 règles. Je vais vous dire une chose hasardée, mais vraie: c'est que le mérite de cet auteur a perdu le théâtre anglais; il y a de si belles scènes, des morceaux si grands et si terribles, répandus dans ses farces monstrueuses, qu'on appelle tragédies, que ses pièces ont toujours été jouées
15 avec un grand succès. Le temps, qui seul fait la réputation des hommes, rend à la fin leurs défauts respectables. La plupart des idées bizarres et gigantesques de cet auteur ont acquis, au bout de deux cents ans, le droit de passer pour sublimes. Les auteurs modernes l'ont presque tous
20 copié; mais ce qui réussissait dans Shakespeare est sifflé chez eux, et vous croyez bien que la vénération qu'on a pour cet ancien augmente à mesure qu'on méprise les modernes. On ne fait pas réflexion qu'il ne faudrait pas l'imiter, et le mauvais succès de ses copistes fait seulement
25 qu'on le croit inimitable.

Vous savez que, dans la tragédie du *More de Venise*, pièce très touchante, un mari étrangle sa femme sur le théâtre, et que, quand la pauvre femme est étranglée, elle s'écrie qu'elle meurt très injustement. Vous n'ignorez
30 pas que, dans *Hamlet*, des fossoyeurs creusent une fosse en buvant, en chantant des vaudevilles, et en faisant sur les têtes des morts qu'ils rencontrent des plaisanteries convenables à gens de leur métier; mais ce qui vous surprendra, c'est qu'on a imité ces sottises sous le règne de
35 Charles II, qui était celui de la politesse et l'âge d'or des beaux-arts.

Otway, dans sa *Venise sauvée*, introduit le sénateur
Antonio et la courtisane Aquilina au milieu des horreurs
de la conspiration du marquis de Bedmar. Le vieux
sénateur Antonio fait auprès de sa courtisane toutes les 40
singeries d'un vieux débauché impuissant et hors du bon
sens : il contrefait le taureau et le chien, il mord les jambes
de sa maîtresse, qui lui donne des coups de pied et des
coups de fouet. On a retranché de la pièce d'Otway ces
bouffonneries faites pour la plus vile canaille ; mais on a 45
laissé dans le *Jules César* de Shakespeare les plaisanteries
des cordonniers et des savetiers romains introduits sur
la scène avec Brutus et Cassius : c'est que la sottise
d'Otway est moderne, et que celle de Shakespeare est
ancienne. 50

Vous vous plaindrez sans doute que ceux qui jusqu'à
présent vous ont parlé du théâtre anglais, et surtout de ce
fameux Shakespeare, ne vous aient encore fait voir que
ses erreurs, et que personne n'ait traduit aucun de ces
endroits frappants qui demandent grâce pour toutes ses 55
fautes. Je vous répondrai qu'il est bien aisé de rapporter
en prose les erreurs d'un poète, mais très difficile de
traduire ses beaux vers. Tous les grimauds qui s'érigent
en critiques des écrivains célèbres compilent des volumes.
J'aimerais mieux deux pages qui nous fissent connaître 60
quelques beautés : car je maintiendrai toujours, avec les
gens de bon goût, qu'il y a plus à profiter dans douze vers
d'Homère et de Virgile que dans toutes les critiques qu'on
a faites de ces deux grands hommes.

J'ai hasardé de traduire quelques morceaux des 65
meilleurs poètes anglais : en voici un de Shakespeare.
Faites grâce à la copie en faveur de l'original, et souvenez-
vous toujours, quand vous voyez une traduction, que
vous ne voyez qu'une faible estampe d'un beau tableau.

J'ai choisi le monologue de la tragédie d'*Hamlet*, qui 70
est su de tout le monde, et qui commence par ce vers :

To be or not to be, that is the question:

C'est Hamlet, prince de Danemark, qui parle:
Demeure; il faut choisir, et passer à l'instant
75 De la vie à la mort, ou de l'être au néant.
Dieux cruels! s'il en est, éclairez mon courage.
Faut-il vieillir courbé sous la main qui m'outrage,
Supporter ou finir mon malheur et mon sort?
Qui suis-je? qui m'arrête? et qu'est-ce que la mort?
80 C'est la fin de nos maux, c'est mon unique asile;
Après de longs transports, c'est un sommeil tranquille;
On s'endort, et tout meurt. Mais un affreux réveil
Doit succéder peut-être aux douceurs de sommeil.
On nous menace, on dit que cette courte vie
85 De tourments éternels est aussitôt suivie.
O mort! moment fatal! affreuse éternité!
Tout cœur à ton seul nom se glace épouvanté.
Eh! qui pourrait sans toi supporter cette vie,
De nos prêtres menteurs bénir l'hypocrisie,
90 D'une indigne maîtresse encenser les erreurs,
Ramper sous un ministre, adorer ses hauteurs,
Et montrer les langueurs de son âme abattue
A des amis ingrats qui détournent la vue?
La mort serait trop douce en ces extrémités;
95 Mais le scrupule parle, et nous crie: Arrêtez.
Il défend à nos mains cet heureux homicide,
Et d'un héros guerrier fait un chrétien timide, *etc.*

Ne croyez pas que j'aie rendu ici l'anglais mot pour
mot; malheur aux faiseurs de traductions littérales, qui,
100 en traduisant chaque parole, énervent le sens! C'est bien
là qu'on peut dire que la lettre tue et que l'esprit vivifie.

Voici encore un passage d'un fameux tragique anglais,
Dryden, poète du temps de Charles II, auteur plus
fécond que judicieux, qui aurait une réputation sans
105 mélange s'il n'avait fait que la dixième partie de ses
ouvrages, et dont le grand défaut est d'avoir voulu être
universel.

Ce morceau commence ainsi:

When I consider life, 't is all a cheat,
110 *Yet fool'd by hope men favour the deceit.*

De desseins en regrets, et d'erreurs en désirs,
Les mortels insensés promènent leur folie.
Dans des malheurs présents, dans l'espoir des plaisirs,
Nous ne vivons jamais, nous attendons la vie.
Demain, demain, dit-on, va combler tous nos vœux; 115
Demain vient, et nous laisse encor plus malheureux.
Quelle est l'erreur, hélas! du soin qui nous dévore?
Nul de nous ne voudrait recommencer son cours:
De nos premiers moments nous maudissons l'aurore,
Et de la nuit qui vient nous attendons encore 120
Ce qu'ont en vain promis les plus beaux de nos jours, *etc.*

C'est dans ces morceaux détachés que les tragiques
anglais ont jusqu'ici excellé: leurs pièces, presque toutes
barbares, dépourvues de bienséance, d'ordre, de vraisemblance, ont des lueurs étonnantes au milieu de cette nuit. 125
Le style est trop ampoulé, trop hors de la nature, trop
copié des écrivains hébreux, si remplis de l'enflure
asiatique; mais aussi il faut avouer que les échasses du
style figuré, sur lesquelles la langue anglaise est guindée,
élèvent l'esprit bien haut, quoique par une marche 130
irrégulière.

Le premier Anglais qui ait fait une pièce raisonnable
et écrite d'un bout à l'autre avec élégance est l'illustre
M. Addison. Son *Caton d'Utique* est un chef-d'œuvre
pour la diction et pour la beauté des vers. Le rôle de 135
Caton est, à mon gré, fort au-dessus de celui de Cornélie
dans le *Pompée* de Corneille: car Caton est grand sans
enflure, et Cornélie, qui d'ailleurs n'est pas un personnage nécessaire, vise quelquefois au galimatias. Le Caton
de M. Addison me paraît le plus beau personnage qui 140
soit sur aucun théâtre; mais les autres rôles de la pièce
n'y répondent pas, et cet ouvrage si bien écrit est défiguré
par une intrigue froide d'amour qui répand sur la pièce
une langueur qui la tue.

La coutume d'introduire de l'amour à tort et à travers 145
dans les ouvrages dramatiques passa de Paris à Londres
vers l'an 1660, avec nos rubans et nos perruques. Les

femmes, qui parent les spectacles, comme ici, ne veulent
plus souffrir qu'on leur parle d'autre chose que d'amour.
150 Le sage Addison eut la molle complaisance de plier la
sévérité de son caractère aux mœurs de son temps, et
gâta un chef-d'œuvre pour avoir voulu plaire.

Depuis lui, les pièces sont devenues plus régulières, le
peuple plus difficile, les auteurs plus corrects et moins
155 hardis. J'ai vu des pièces nouvelles fort sages, mais
froides. Il semble que les Anglais n'aient été faits jusqu'ici
que pour produire des beautés irrégulières. Les monstres
brillants de Shakespeare plaisent mille fois plus que la
sagesse moderne. Le génie poétique des Anglais res-
160 semble jusqu'à présent à un arbre touffu planté par la
nature, jetant au hasard mille rameaux, et croissant
inégalement et avec force. Il meurt si vous voulez forcer
sa nature et le tailler en arbre des jardins de Marly.

SUR LA COMÉDIE

JE ne sais comment le sage et ingénieux M. de Muralt, dont nous avons les *Lettres sur les Anglais et sur les Français*, s'est borné, en parlant de la comédie, à critiquer 5 un comique nommé Shadwell. Cet auteur était assez méprisé de son temps; il n'était point le poète des honnêtes gens : ses pièces, goûtées pendant quelques représentations par le peuple, étaient dédaignées par tous les gens de bon goût, et ressemblaient à tant de pièces que 10 j'ai vues en France attirer la foule et révolter les lecteurs, et dont on a pu dire :

> Tout Paris les condamne, et tout Paris les court.

M. de Muralt aurait dû, ce semble, nous parler d'un auteur excellent qui vivait alors : c'était M. Wycherley, 15 qui fut longtemps l'amant déclaré de la maîtresse la plus illustre de Charles II. Cet homme, qui passait sa vie dans le plus grand monde, en connaissait parfaitement les vices et les ridicules, et les peignait du pinceau le plus ferme et des couleurs les plus vraies. 20

Il a fait un *Misanthrope*, qu'il a imité de Molière. Tous les traits de Wycherley sont plus forts et plus hardis que ceux de notre *Misanthrope*; mais aussi ils ont moins de finesse et de bienséance. L'auteur anglais a corrigé le seul défaut qui soit dans la pièce de Molière : ce défaut est le 25 manque d'intrigue et d'intérêt; la pièce anglaise est intéressante, et l'intrigue en est ingénieuse : elle est trop hardie sans doute pour nos mœurs. C'est un capitaine de vaisseau plein de valeur, de franchise et de mépris pour le genre humain. Il a un ami sage et sincère dont il se 30 défie, et une maîtresse dont il est tendrement aimé, sur laquelle il ne daigne pas jeter les yeux; au contraire, il a mis toute sa confiance dans un faux ami, qui est le plus indigne homme qui respire, et il a donné son cœur à la plus coquette et à la plus perfide de toutes les femmes. 35

Il est bien assuré que cette femme est une Pénélope, et
ce faux ami un Caton. Il part pour aller se battre contre
les Hollandais, et laisse tout son argent, ses pierreries, et
tout ce qu'il a au monde, à cette femme de bien, et
40 recommande cette femme elle-même à cet ami fidèle, sur
lequel il compte si fort. Cependant le véritable honnête
homme dont il se défie tant s'embarque avec lui, et la
maîtresse qu'il n'a pas seulement daigné regarder se
déguise en page, et fait le voyage sans que le capitaine
45 s'aperçoive de son sexe de toute la campagne.

Le capitaine, ayant fait sauter son vaisseau dans un
combat, revient à Londres, sans secours, sans vaisseau et
sans argent, avec son page et son ami, ne connaissant ni
l'amitié de l'un, ni l'amour de l'autre. Il va droit chez
50 la perle des femmes, qu'il compte retrouver avec sa
cassette et sa fidélité : il la retrouve mariée avec l'honnête
fripon à qui il s'était confié, et on ne lui a pas plus gardé
son dépôt que le reste. Mon homme a toutes les peines
du monde à croire qu'une femme de bien puisse faire de
55 pareils tours; mais, pour l'en convaincre mieux, cette
honnête dame devient amoureuse du petit page, et veut
le prendre de force. Mais, comme il faut que justice se
fasse, et que dans une pièce de théâtre le vice soit puni
et la vertu récompensée, il se trouve en fin de compte que
60 le capitaine se met à la place du page, couche avec son
infidèle, fait cocu son traître ami, lui donne un bon coup
d'épée au travers du corps, reprend sa cassette et épouse
son page. Vous remarquerez qu'on a encore lardé cette
pièce d'une comtesse de Pimbesche, vieille plaideuse,
65 parente du capitaine, laquelle est bien la plus plaisante
créature et le meilleur caractère qui soit au théâtre.

Wycherley a encore tiré de Molière une pièce non moins
singulière et non moins hardie : c'est une espèce d'*École
des femmes*.

70 Le principal personnage de la pièce est un drôle à
bonnes fortunes, la terreur des maris de Londres, qui,
pour être plus sûr de son fait, s'avise de faire courir le

bruit que dans sa dernière maladie les chirurgiens ont
trouvé à propos de le faire eunuque. Avec cette belle
réputation tous les maris lui amènent leurs femmes, et le 75
pauvre homme n'est plus embarrassé que du choix. Il
donne surtout la préférence à une petite campagnarde
qui a beaucoup d'innocence, et qui fait son mari cocu
avec une bonne foi qui vaut mieux que la malice des
dames les plus expertes. Cette pièce n'est pas, si vous 80
voulez, l'école des bonnes mœurs, mais en vérité c'est
l'école de l'esprit et du bon comique.

Un chevalier Vanbrugh a fait des comédies encore plus
plaisantes, mais moins ingénieuses. Ce chevalier était un
homme de plaisir; par-dessus cela, poète et architecte. 85
On prétend qu'il écrivait comme il bâtissait, un peu
grossièrement. C'est lui qui a bâti ce fameux château de
Blenheim, pesant et durable monument de notre mal-
heureuse bataille d'Hochstædt. Si les appartements
étaient seulement aussi larges que les murailles sont 90
épaisses, ce château serait assez commode.

On a mis dans l'épitaphe de Vanbrugh qu'*on souhaitait
que la terre ne lui fût point légère, attendu que de son vivant
il l'avait si inhumainement chargée.* Ce chevalier, ayant
fait un tour en France avant la guerre de 1702, fut mis 95
à la Bastille, et y resta quelque temps, sans avoir jamais
pu savoir ce qui lui avait attiré cette distinction de la part
de notre ministère. Il fit une comédie à la Bastille, et,
ce qui est à mon sens fort étrange, c'est qu'il n'y a dans
cette pièce aucun trait contre le pays dans lequel il essuya 100
cette violence.

Celui de tous les Anglais qui a porté le plus loin la
gloire du théâtre comique est feu M. Congreve. Il n'a
fait que peu de pièces, mais toutes sont excellentes dans
leur genre. Les règles du théâtre y sont rigoureusement 105
observées. Elles sont pleines de caractères nuancés avec
une extrême finesse; on n'y essuie pas la mauvaise
plaisanterie; vous y voyez partout le langage des honnêtes
gens avec des actions de fripon : ce qui prouve qu'il con-

110 naissait bien son monde, et qu'il vivait dans ce qu'on
appelle la bonne compagnie. Il était infirme et presque
mourant quand je l'ai connu; il avait un défaut, c'était
de ne pas assez estimer son premier métier d'auteur, qui
avait fait sa réputation et sa fortune. Il me parlait de ses
115 ouvrages comme de bagatelles au-dessous de lui, et me
dit, à la première conversation, de ne le voir que sur le
pied d'un gentilhomme qui vivait très uniment. Je lui
répondis que, s'il avait eu le malheur de n'être qu'un
gentilhomme comme un autre, je ne le serais jamais venu
120 voir, et je fus très choqué de cette vanité si mal placée.

Ses pièces sont les plus spirituelles et les plus exactes;
celles de Vanbrugh, les plus gaies; et celles de Wycherley,
les plus fortes.

Il est à remarquer qu'aucun de ces beaux esprits n'a
125 mal parlé de Molière. Il n'y a que les mauvais auteurs
anglais qui aient dit du mal de ce grand homme. Ce sont
les mauvais musiciens d'Italie qui méprisent Lulli; mais
un Buononcini l'estime et lui rend justice, de même qu'un
Mead fait cas d'un Helvétius et d'un Silva.

130   L'Angleterre a encore de bons poètes comiques, tels
que le chevalier Steele, et M. Cibber, excellent comédien,
et d'ailleurs poète du roi; titre qui paraît ridicule, mais
qui ne laisse pas de donner mille écus de rente et de beaux
privilèges. Notre grand Corneille n'en a pas eu tant.

135   Au reste, ne me demandez pas que j'entre ici dans le
moindre détail de ces pièces anglaises dont je suis si grand
partisan, ni que je vous rapporte un bon mot ou une
plaisanterie des Wycherley et des Congreve: on ne rit
point dans une traduction. Si vous voulez connaître la
140 comédie anglaise, il n'y a d'autre moyen pour cela que
d'aller à Londres, d'y rester trois ans, d'apprendre bien
l'anglais, et de voir la comédie tous les jours. Je n'ai pas
grand plaisir en lisant Plaute et Aristophane. Pourquoi?
C'est que je ne suis ni Grec ni Romain. La finesse des
145 bons mots, l'allusion, l'à-propos, tout cela est perdu pour
un étranger.

Il n'en est pas de même dans la tragédie. Il n'est
question chez elle que de grandes passions et de sottises
héroïques consacrées par de vieilles erreurs de fable ou
d'histoire. *Œdipe*, *Électre*, appartiennent aux Espagnols, 150
aux Anglais et à nous, comme aux Grecs. Mais la bonne
comédie est la peinture parlante des ridicules d'une
nation, et, si vous ne connaissez pas la nation à fond, vous
ne pouvez juger de la peinture.

SUR LES SEIGNEURS QUI CULTIVENT
LES LETTRES

I L a été un temps en France où les beaux-arts étaient
5   cultivés par les premiers de l'État. Les courtisans
surtout s'en mêlaient, malgré la dissipation, le goût des
riens, la passion pour l'intrigue, toutes divinités du pays.
    Il me paraît qu'on est actuellement à la cour dans un
tout autre goût que celui des lettres; peut-être dans peu
10 de temps la mode de penser reviendra-t-elle: un roi n'a
qu'à vouloir; on fait de cette nation-ci tout ce qu'on veut.
En Angleterre communément on pense, et les lettres y
sont plus en honneur qu'en France. Cet avantage est une
suite nécessaire de la forme de leur gouvernement. Il
15 y a à Londres environ huit cents personnes qui ont le
droit de parler en public et de soutenir les intérêts de la
nation. Environ cinq ou six mille prétendent au même
honneur à leur tour. Tout le reste s'érige en juge de ceux-
ci, et chacun peut faire imprimer ce qu'il pense sur les
20 affaires publiques; ainsi toute la nation est dans la
nécessité de s'instruire. On n'entend parler que des
gouvernements d'Athènes et de Rome; il faut bien,
malgré qu'on en ait, lire les auteurs qui en ont traité.
Cette étude conduit naturellement aux belles-lettres. En
25 général, les hommes ont l'esprit de leur état. Pourquoi
d'ordinaire nos magistrats, nos avocats, nos médecins, et
beaucoup d'ecclésiastiques, ont-ils plus de lettres, de goût
et d'esprit que l'on n'en trouve dans toutes les autres
professions? C'est que réellement leur état est d'avoir
30 l'esprit cultivé, comme celui d'un marchand est de connaître son négoce. Il n'y a pas longtemps qu'un seigneur
anglais fort jeune me vint voir à Paris en revenant d'Italie.
Il avait fait en vers une description de ce pays-là aussi
poliment écrite que tout ce qu'ont fait le comte de
35 Rochester et nos Chaulieu, nos Sarazin et nos Chapelle.
    La traduction que j'en ai faite est si loin d'atteindre à

la force et à la bonne plaisanterie de l'original que je suis
obligé d'en demander sérieusement pardon à l'auteur et
à ceux qui entendent l'anglais. Cependant, comme je
n'ai pas d'autre moyen de faire connaître les vers de 40
milord..., les voici dans ma langue:

> Qu'ai-je donc vu dans l'Italie?
> Orgueil, astuce et pauvreté,
> Grands compliments, peu de bonté,
> Et beaucoup de cérémonie;   45
> L'extravagante comédie
> Que souvent l'Inquisition[1]
> Veut qu'on nomme religion,
> Mais qu'ici nous nommons folie.
> La nature, en vain bienfaisante,   50
> Veut enrichir ces lieux charmants;
> Des prêtres la main désolante
> Étouffe ses plus beaux présents.
> Les *monsignors*, soi-disant grands,
> Seuls dans leurs palais magnifiques,   55
> Y sont d'illustres fainéants,
> Sans argent et sans domestiques.
> Pour les petits, sans liberté,
> Martyrs du joug qui les domine,
> Ils ont fait vœu de pauvreté,   60
> Priant Dieu par oisiveté,
> Et toujours jeûnant par famine.
> Ces beaux lieux, du pape bénis,
> Semblent habités par les diables,
> Et les habitants misérables   65
> Sont damnés dans le paradis.

Peut-être dira-t-on que ces vers sont d'un hérétique;
mais on traduit tous les jours, et même assez mal, ceux
d'Horace et de Juvénal, qui avaient le malheur d'être
païens. Vous savez bien qu'un traducteur ne doit pas 70
répondre des sentiments de son auteur. Tout ce qu'il peut
faire, c'est de prier Dieu pour sa conversion: et c'est ce
que je ne manque pas de faire pour celle de milord.

---

[1] Il entend sans doute les farces que certains prédicateurs
jouent dans les places publiques. (*Note de Voltaire.*)

SUR LE COMTE DE ROCHESTER ET
M. WALLER

T OUT le monde connaît de réputation le comte de
5   Rochester. M. de Saint-Évremond en a beaucoup
parlé ; mais il ne nous a fait connaître du fameux Rochester
que l'homme de plaisir, l'homme à bonnes fortunes. Je
voudrais faire connaître en lui l'homme de génie et le
grand poète. Entre autres ouvrages qui brillaient de
10 cette imagination ardente qui n'appartenait qu'à lui, il
a fait quelques satires sur les mêmes sujets que notre
célèbre Despréaux avait choisis. Je ne sais rien de plus
utile pour se perfectionner le goût que la comparaison des
grands génies qui se sont exercés sur les mêmes matières.
15   Voici comme M. Despréaux parle contre la raison
humaine dans sa satire *Sur l'homme* :

    Cependant, à le voir, plein de vapeurs légères,
    Soi-même se bercer de ses propres chimères,
    Lui seul de la nature est la base et l'appui,
20   Et le dixième ciel ne tourne que pour lui.
    De tous les animaux il est, dit-il, le maître.
    Qui pourrait le nier ? poursuis-tu. Moi, peut-être...
    Ce maître prétendu qui leur donne des lois,
    Ce roi des animaux, combien a-t-il de rois ?

25   Voici à peu près comme s'exprime le comte de Rochester dans sa satire sur l'homme ; mais il faut que le
lecteur se ressouvienne toujours que ce sont ici des
traductions libres de poètes anglais, et que la gêne de
notre versification et les bienséances délicates de notre
30 langue ne peuvent donner l'équivalent de la licence im-
pétueuse du style anglais :

    Cet esprit que je hais, cet esprit plein d'erreur,
    Ce n'est pas ma raison, c'est la tienne, docteur.
    C'est ta raison frivole, inquiète, orgueilleuse,
35   Des sages animaux rivale dédaigneuse,

Qui croit entre eux et l'ange occuper le milieu,
Et pense être ici-bas l'image de son Dieu.
Vil atome importun, qui croit, doute, dispute,
Rampe, s'élève, tombe, et nie encor sa chute;
Qui nous dit: Je suis libre, en nous montrant ses fers, 40
Et dont l'œil trouble et faux croit percer l'univers.
Allez, révérends fous, bienheureux fanatiques,
Compilez bien l'amas de vos riens scolastiques!
Pères de visions et d'énigmes sacrés,
Auteurs du labyrinthe où vous vous égarez, 45
Allez obscurément éclaircir vos mystères,
Et courez dans l'école adorer vos chimères!
Il est d'autres erreurs, il est de ces dévots
Condamnés par eux-mêmes à l'ennui du repos.
Ce mystique encloîtré, fier de son indolence, 50
Tranquille au sein de Dieu, qu'y peut-il faire? Il pense.
Non, tu ne penses point, misérable! tu dors:
Inutile à la terre, et mis au rang des morts,
Ton esprit énervé croupit dans la mollesse;
Réveille-toi, sois homme, et sors de ton ivresse! 55
L'homme est né pour agir, et tu prétends penser!

Que ces idées soient vraies ou fausses, il est toujours
certain qu'elles sont exprimées avec une énergie qui fait
le poète.

Je me garderai bien d'examiner la chose en philosophe 60
et de quitter ici le pinceau pour le compas. Mon unique
but dans cette lettre est de faire connaître le génie des
poètes anglais, et je vais continuer sur ce ton.

On a beaucoup entendu parler du célèbre Waller en
France. MM. de La Fontaine, Saint-Évremond et Bayle, 65
ont fait son éloge; mais on ne connaît de lui que son nom.
Il eut à peu près à Londres la même réputation que
Voiture eut à Paris, et je crois qu'il la méritait mieux.
Voiture vint dans un temps où l'on sortait de la barbarie
et où l'on était encore dans l'ignorance. On voulait avoir 70
de l'esprit, et on n'en avait pas encore; on cherchait des
tours au lieu de pensées: les faux brillants se trouvent plus
aisément que les pierres précieuses. Voiture, né avec

un génie frivole et facile, fut le premier qui brilla dans
75 cette aurore de la littérature française. S'il était venu
après les grands hommes qui ont illustré le siècle de
Louis XIV, ou il aurait été inconnu, ou l'on n'aurait parlé
de lui que pour le mépriser, ou il aurait corrigé son style.
M. Despréaux le loue, mais c'est dans ses premières
80 satires; c'est dans le temps où le goût de Despréaux
n'était pas encore formé: il était jeune et dans l'âge où
l'on juge des hommes par la réputation, et non pas par
eux-mêmes. D'ailleurs Despréaux était souvent bien
injuste dans ses louanges et dans ses censures. Il louait
85 Segrais, que personne ne lit; il insultait Quinault, que
tout le monde sait par cœur; et il ne dit rien de La Fontaine. Waller, meilleur que Voiture, n'était pas encore
parfait. Ses ouvrages galants respirent la grâce, mais la
négligence les fait languir, et souvent les pensées fausses
90 les défigurent. Les Anglais n'étaient pas encore parvenus
de son temps à écrire avec correction. Ses ouvrages
sérieux sont pleins d'une vigueur qu'on n'attendrait pas
de la mollesse de ses autres pièces. Il a fait un éloge
funèbre de Cromwell qui, avec ses défauts, passe pour un
95 chef-d'œuvre. Pour entendre cet ouvrage, il faut savoir
que Cromwell mourut le jour d'une tempête extraordinaire.
La pièce commence ainsi:

Il n'est plus, c'en est fait, soumettons-nous au sort:
100 Le ciel a signalé ce jour par des tempêtes,
Et la voix du tonnerre, éclatant sur nos têtes,
Vient d'annoncer sa mort.
Par ses derniers soupirs il ébranle cette île,
Cette île que son bras fit trembler tant de fois,
105 Quand, dans le cours de ses exploits,
Il brisait la tête des rois,
Et soumettait un peuple à son joug seul docile.
Mer, tu t'en es troublée! O mer! tes flots émus
Semblent dire en grondant aux plus lointains rivages
110 Que l'effroi de la terre, et ton maître, n'est plus.

Tel au ciel autrefois s'envola Romulus,
Tel il quitta la terre au milieu des orages,
Tel d'un peuple guerrier il reçut les hommages:
Obéi dans sa vie, à sa mort adoré,
Son palais fut un temple, *etc.* 115

C'est à propos de cet éloge de Cromwell que Waller
fit au roi Charles second cette réponse qu'on trouve dans
le *Dictionnaire* de Bayle. Le roi, à qui Waller venait,
selon l'usage des rois et des poètes, de présenter une pièce
farcie de louanges, lui reprocha qu'il avait fait mieux 120
pour Cromwell. Waller répondit: "Sire, nous autres
poètes, nous réussissons mieux dans les fictions que dans
les vérités." Cette réponse n'était pas si sincère que celle
de l'ambassadeur hollandais qui, lorsque le même roi se
plaignait que l'on avait moins d'égards pour lui que pour 125
Cromwell, répondit: "Ah! Sire, ce Cromwell était tout
autre chose."

Mon but n'est pas de faire un commentaire sur le
caractère de Waller ni de personne; je ne considère les
gens après leur mort que par leurs ouvrages, tout le reste 130
est pour moi anéanti. Je remarque seulement que Waller,
né à la cour avec soixante mille livres de rente, n'eut
jamais ni le sot orgueil ni la nonchalance d'abandonner
son talent. Les comtes de Dorset et de Roscommon,
les deux ducs de Buckingham, milord Halifax et tant 135
d'autres, n'ont pas cru déroger en devenant de très grands
poètes et d'illustres écrivains. Leurs ouvrages leur font
plus d'honneur que leur nom. Ils ont cultivé les lettres
comme s'ils en eussent attendu leur fortune. Ils ont, de
plus, rendu les arts respectables aux yeux du peuple, qui 140
en tout a besoin d'être mené par les grands, et qui pourtant se règle moins sur eux en Angleterre qu'en aucun
lieu du monde.

SUR M. POPE ET QUELQUES
AUTRES POÈTES FAMEUX

JE voulais vous parler de M. Prior, un des plus aimables
5 poètes d'Angleterre, que vous avez vu à Paris plénipotentiaire et envoyé extraordinaire en 1712. Je comptais
vous donner aussi quelque idée des poésies de milord
Roscommon, de milord Dorset, etc.; mais je sens qu'il
me faudrait faire un gros livre, et qu'après bien de la
10 peine je ne vous donnerais qu'une idée fort imparfaite
de tous ces ouvrages. La poésie est une espèce de
musique: il faut l'entendre pour en juger. Quand je vous
traduis quelques morceaux de ces poésies étrangères, je
vous note imparfaitement leur musique; mais je ne puis
15 exprimer le goût de leur chant.

Il y a surtout un poème anglais que je désespérerais de
vous faire connaître: il s'appelle *Hudibras*. Le sujet est
la guerre civile, et la secte des puritains tournée en
ridicule. C'est *Don Quichotte*, c'est notre *Satyre Ménippée*,
20 fondus ensemble; c'est, de tous les livres que j'ai jamais
lus, celui où j'ai trouvé le plus d'esprit; mais c'est aussi
le plus intraduisible. Qui croirait qu'un livre qui saisit
tous les ridicules du genre humain, et qui a plus de
pensées que de mots, ne pût souffrir la traduction? C'est
25 que presque tout y fait allusion à des aventures particulières. Le plus grand ridicule tombe principalement sur
les théologiens, que peu de gens du monde entendent.
Il faudrait à tout moment un commentaire, et la plaisanterie expliquée cesse d'être plaisanterie. Tout commen-
30 tateur de bons mots est un sot.

Voilà pourquoi on n'entendra jamais bien en France
les livres de l'ingénieux docteur Swift, qu'on appelle le
Rabelais d'Angleterre. Il a l'honneur d'être prêtre comme
Rabelais, et de se moquer de tout comme lui; mais on lui
35 fait grand tort, selon mon petit sens, de l'appeler de ce

nom. Rabelais, dans son extravagant et inintelligible
livre, a répandu une extrême gaieté et une plus grande
impertinence; il a prodigué l'érudition, les ordures et
l'ennui. Un bon conte de deux pages est acheté par des
volumes de sottises : il n'y a que quelques personnes d'un 40
goût bizarre qui se piquent d'entendre et d'estimer tout
cet ouvrage. Le reste de la nation rit des plaisanteries
de Rabelais, et méprise le livre. On le regarde comme le
premier des bouffons; on est fâché qu'un homme qui
avait tant d'esprit en ait fait un si misérable usage: c'est 45
un philosophe ivre qui n'a écrit que dans le temps de son
ivresse.

M. Swift est Rabelais dans son bon sens et vivant en
bonne compagnie. Il n'a pas à la vérité la gaieté du
premier, mais il a toute la finesse, la raison, le choix, le 50
bon goût, qui manquent à notre curé de Meudon. Ses
vers sont d'un goût singulier et presque inimitable; la
bonne plaisanterie est son partage en vers et en prose;
mais, pour le bien entendre, il faut faire un petit voyage
dans son pays. 55

Vous pouvez plus aisément vous former quelque idée
de M. Pope: c'est, je crois, le poète le plus élégant, le
plus correct, et, ce qui est encore beaucoup, le plus
harmonieux qu'ait eu l'Angleterre. Il a réduit les siffle-
ments aigres de la trompette anglaise aux sons doux de la 60
flûte. On peut le traduire, parce qu'il est extrêmement
clair, et que ses sujets, pour la plupart, sont généraux et
du ressort de toutes les nations.

On connaîtra bientôt en France son *Essai sur la critique*,
par la traduction en vers qu'en fait M. l'abbé du Resnel. 65

Voici un morceau de son poème de *la Boucle de
cheveux*, que je viens de traduire avec ma liberté ordinaire : car, encore une fois, je ne sais rien de pis que de
traduire un poète mot pour mot.

Umbriel à l'instant, vieux gnome rechigné, 70
Va, d'une aile pesante et d'un air renfrogné,
Chercher, en murmurant, la caverne profonde

Où, loin des doux rayons que répand l'œil du monde,
La déesse aux vapeurs a choisi son séjour.
75 Les tristes aquilons y sifflent à l'entour,
Et le souffle malsain de leur aride haleine
Y porte aux environs la fièvre et la migraine.
Sur un riche sofa, derrière un paravent,
Loin des flambeaux, du bruit, des parleurs et du vent,
80 La quinteuse déesse incessamment repose,
Le cœur gros de chagrins, sans en savoir la cause,
N'ayant pensé jamais, l'esprit toujours troublé,
L'œil chargé, le teint pâle, et l'hypocondre enflé.
La médisante Envie est assise auprès d'elle,
85 Vieux spectre féminin, décrépite pucelle,
Avec un air dévot déchirant son prochain,
Et chansonnant les gens, l'Évangile à la main.
Sur un lit plein de fleurs négligemment penchée,
Une jeune beauté non loin d'elle est couchée :
90 C'est l'Affectation, qui grasseye en parlant,
Écoute sans entendre, et lorgne en regardant,
Qui rougit sans pudeur, et rit de tout sans joie,
De cent maux différents prétend qu'elle est la proie,
Et, pleine de santé sous le rouge et le fard,
95 Se plaint avec mollesse et se pâme avec art.

Si vous lisiez ce morceau dans l'original, au lieu de le
lire dans cette faible traduction, vous le compareriez à la
description de la Mollesse dans *le Lutrin.*
En voilà bien honnêtement pour les poètes anglais. Je
100 vous ai touché un petit mot de leurs philosophes; pour
de bons historiens, je ne leur en connais pas encore. Il
a fallu qu'un Français ait écrit leur histoire. Peut-être
le génie anglais, qui est ou froid ou impétueux, n'a pas
encore saisi cette éloquence naïve et cet air noble et simple
105 de l'histoire. Peut-être aussi l'esprit de parti, qui fait
voir trouble, a décrédité tous leurs historiens. La moitié
de la nation est toujours l'ennemie de l'autre. J'ai trouvé
des gens qui m'ont assuré que milord Marlborough était
un poltron, et que M. Pope était un sot, comme en France
110 quelques jésuites trouvent Pascal un petit esprit, et quel-

ques jansénistes disent que le Père Bourdaloue n'était
qu'un bavard.

Marie Stuart est une sainte héroïne pour les jacobites;
pour les autres, c'est une débauchée, une adultère, une
homicide; ainsi, en Angleterre, on a des factums et point 115
d'histoire. Il est vrai qu'il y a à présent un M. Gordon,
excellent traducteur de Tacite, très capable d'écrire
l'histoire de son pays. Mais M. Rapin de Thoyras l'a
prévenu. Enfin il me paraît que les Anglais n'ont point
de si bons historiens que nous, qu'ils n'ont point de 120
véritables tragédies, qu'ils ont des comédies charmantes,
des morceaux de poésie admirables, et des philosophes
qui devraient être les précepteurs du genre humain.

Les Anglais ont beaucoup profité des ouvrages de
notre langue; nous devrions, à notre tour, emprunter 125
d'eux, après leur avoir prêté. Nous ne sommes venus,
les Anglais et nous, qu'après les Italiens, qui en tout ont
été nos maîtres, et que nous avons surpassés en quelque
chose. Je ne sais à laquelle des trois nations il faudra
donner la préférence; mais heureux celui qui sait sentir 130
leurs différents mérites!

SUR LA CONSIDÉRATION QU'ON DOIT
AUX GENS DE LETTRES

NI en Angleterre ni en aucun pays du monde on ne
5 trouve des établissements en faveur des beaux-arts
comme en France. Il y a presque partout des universités; mais c'est en France seule qu'on trouve ces utiles
encouragements pour l'astronomie, pour toutes les parties
des mathématiques, pour celles de la médecine, pour les
10 recherches de l'antiquité, pour la peinture, la sculpture
et l'architecture. Louis XIV s'est immortalisé par toutes
ces fondations, et cette immortalité ne lui a pas coûté
deux cent mille francs par an.

J'avoue que c'est un de mes étonnements que le parle-
15 ment d'Angleterre, qui s'est avisé de promettre vingt mille
guinées à celui qui ferait l'impossible découverte des
longitudes, n'ait jamais pensé à imiter Louis XIV dans
sa magnificence envers les arts.

Le mérite trouve, à la vérité, en Angleterre, d'autres
20 récompenses plus honorables pour la nation: tel est le
respect que ce peuple a pour les talents qu'un homme de
mérite y fait toujours fortune. M. Addison, en France,
eût été de quelque académie, et aurait pu obtenir, par le
crédit de quelque femme, une pension de douze cents
25 livres, ou plutôt on lui aurait fait des affaires sous pré-
texte qu'on aurait aperçu dans sa tragédie de *Caton* quelques traits contre le portier d'un homme en place; en
Angleterre, il a été secrétaire d'État. M. Newton était
intendant des monnaies du royaume; M. Congreve avait
30 une charge importante; M. Prior a été plénipotentiaire;
le docteur Swift est doyen d'Irlande, et y est beaucoup
plus considéré que le primat. Si la religion de M. Pope
ne lui permet pas d'avoir une place, elle n'empêche pas
moins que sa traduction d'Homère ne lui ait valu deux
35 cent mille francs. J'ai vu longtemps en France l'auteur

de *Rhadamiste* prêt de mourir de faim, et le fils d'un des
plus grands hommes que la France ait eus, et qui commençait à marcher sur les traces de son père, était réduit
à la misère sans M. Fagon. Ce qui encourage le plus les
arts en Angleterre, c'est la considération où ils sont: le 40
portrait du premier ministre se trouve sur la cheminée
de son cabinet; mais j'ai vu celui de M. Pope dans vingt
maisons.

M. Newton était honoré de son vivant, et l'a été après
sa mort comme il devait l'être. Les principaux de la 45
nation se sont disputé l'honneur de porter le poêle à son
convoi. Entrez à Westminster: ce ne sont pas les tom-
beaux des rois qu'on y admire, ce sont les monuments que
la reconnaissance de la nation a érigés aux plus grands
hommes qui ont contribué à sa gloire; vous y voyez leurs 50
statues, comme on voyait dans Athènes celles des
Sophocle et des Platon; et je suis persuadé que la seule
vue de ces glorieux monuments a excité plus d'un esprit
et a formé plus d'un grand homme.

On a même reproché aux Anglais d'avoir été trop loin 55
dans les honneurs qu'ils rendent au simple mérite; on
a trouvé à redire qu'ils aient enterré dans Westminster
la célèbre comédienne Mlle Oldfield à peu près avec les
mêmes honneurs qu'on a rendus à M. Newton: quelques-uns ont prétendu qu'ils avaient affecté d'honorer 60
à ce point la mémoire de cette actrice afin de nous faire
sentir davantage la barbare et lâche injustice qu'ils nous
reprochent d'avoir jeté à la voirie le corps de Mlle Lecouvreur.

Mais je puis vous assurer que les Anglais, dans la 65
pompe funèbre de Mlle Oldfield, enterrée dans leur
Saint-Denis, n'ont rien consulté que leur goût; ils sont
bien loin d'attacher l'infamie à l'art des Sophocle et des
Euripide, et de retrancher du corps de leurs citoyens ceux
qui se dévouent à réciter devant eux des ouvrages dont 70
leur nation se glorifie.

Du temps de Charles Ier, et dans le commencement

de ces guerres civiles commencées par des rigoristes
fanatiques qui eux-mêmes en furent enfin les victimes,
75 on écrivait beaucoup contre les spectacles, d'autant plus
que Charles Iᵉʳ et sa femme, fille de notre Henri le
Grand, les aimaient extrêmement.

Un docteur, nommé Prynne, scrupuleux à toute
outrance, qui se serait cru damné s'il avait porté une
80 soutane au lieu d'un manteau court, et qui aurait voulu
que la moitié des hommes eût massacré l'autre pour la
gloire de Dieu et la *propaganda fide*, s'avisa d'écrire un
fort mauvais livre contre d'assez bonnes comédies qu'on
jouait tous les jours très innocemment devant le roi et
85 la reine. Il cita l'autorité des rabbins et quelques
passages de saint Bonaventure, pour prouver que l'*Œdipe*
de Sophocle était l'ouvrage du Malin, que Térence était
excommunié *ipso facto*; et il ajouta que sans doute Brutus,
qui était un janséniste très sévère, n'avait assassiné César
90 que parce que César, qui était grand prêtre, avait composé une tragédie d'*Œdipe*; enfin il dit que tous ceux qui
assistaient à un spectacle étaient des excommuniés qui
reniaient leur chrême et leur baptême: c'était outrager
le roi et toute la famille royale. Les Anglais respectaient
95 alors Charles Iᵉʳ; ils ne voulurent pas souffrir qu'on
parlât d'excommunier ce même prince à qui ils firent
depuis couper la tête; M. Prynne fut cité devant la
chambre étoilée, condamné à voir son beau livre brûlé
par la main du bourreau, et lui à avoir les oreilles coupées.
100 Son procès se voit dans les actes publics.

On se garde bien en Italie de flétrir l'opéra et d'excommunier le signor Senesino ou la signora Cuzzoni.
Pour moi, j'oserais souhaiter qu'on pût supprimer en
France je ne sais quels mauvais livres qu'on a imprimés
105 contre nos spectacles: car, lorsque les Italiens et les
Anglais apprennent que nous flétrissons de la plus grande
infamie un art dans lequel nous excellons, que l'on ex-
communie des personnes gagées par le roi, que l'on condamne comme impie un spectacle représenté chez des

religieux et dans les couvents, qu'on déshonore des jeux 110
où Louis XIV et Louis XV ont été acteurs, qu'on déclare
œuvre du démon des pièces revues par les magistrats les
plus sévères, et représentées devant une reine vertueuse;
quand, dis-je, des étrangers apprennent cette insolence,
ce manque de respect à l'autorité royale, cette barbarie 115
gothique qu'on ose nommer sévérité chrétienne, que
voulez-vous qu'ils pensent de notre nation, et comment
peuvent-ils concevoir ou que nos lois autorisent un art
déclaré si infâme, ou qu'on ose marquer de tant d'infamie un art autorisé par les lois, récompensé par les 120
souverains, cultivé par les plus grands hommes, et admiré
des nations, et qu'on trouve chez le même libraire la
déclamation du Père Le Brun contre nos spectacles à
côté des ouvrages immortels des Racine, des Corneille,
des Molière, etc.? 125

VINGT-QUATRIÈME LETTRE

SUR LES ACADÉMIES

LES Anglais ont eu longtemps avant nous une académie des sciences; mais elle n'est pas si bien réglée que
5 la nôtre, et cela par la seule raison peut-être qu'elle est plus ancienne: car, si elle avait été formée après l'Académie de Paris, elle en aurait adopté quelques sages lois et eût perfectionné les autres.

La Société royale de Londres manque des deux choses
10 les plus nécessaires aux hommes, de récompenses et de règles. C'est une petite fortune sûre à Paris pour un géomètre, pour un chimiste, qu'une place à l'Académie; au contraire, il en coûte à Londres pour être de la Société royale. Quiconque dit en Angleterre: J'aime les arts,
15 veut être de la Société, en est à l'instant; mais, en France, pour être membre et pensionnaire de l'Académie, ce n'est pas assez d'être amateur, il faut être savant et disputer la place contre des concurrents d'autant plus redoutables qu'ils sont animés par la gloire, par l'intérêt,
20 par la difficulté même, et par cette inflexibilité d'esprit que donne d'ordinaire l'étude opiniâtre des sciences de calcul.

L'Académie des sciences est sagement bornée à l'étude de la nature, et en vérité c'est un champ assez vaste pour
25 occuper cinquante ou soixante personnes. Celle de Londres mêle indifféremment la littérature à la physique. Il me semble qu'il est mieux d'avoir une académie particulière pour les belles-lettres, afin que rien ne soit confondu, et qu'on ne voie point une dissertation sur les
30 coiffures des Romaines à côté d'une centaine de courbes nouvelles.

Puisque la Société de Londres a peu d'ordre et nul encouragement, et que celle de Paris est sur un pied tout opposé, il n'est pas étonnant que les mémoires de notre
35 Académie soient supérieurs aux leurs: des soldats bien

disciplinés et bien payés doivent, à la longue, l'emporter
sur des volontaires. Il est vrai que la Société royale a eu
un Newton; mais elle ne l'a pas produit: il y avait même
peu de ses confrères qui l'entendissent. Un génie comme
M. Newton appartenait à toutes les académies de l'Europe, 40
parce que toutes avaient beaucoup à apprendre de lui.
Le fameux docteur Swift forma le dessein, dans les
dernières années du règne de la reine Anne, d'établir une
académie pour la langue, à l'exemple de l'Académie
française. Ce projet était appuyé par le comte d'Oxford, 45
grand trésorier, et encore plus par le vicomte Bolingbroke,
secrétaire d'État, qui avait le don de parler sur-le-champ
dans le parlement avec autant de pureté que Swift
écrivait dans son cabinet, et qui aurait été le protecteur
et l'ornement de cette académie. Les membres qui la 50
devaient composer étaient des hommes dont les ouvrages
dureront autant que la langue anglaise: c'étaient le
docteur Swift; M. Prior, que nous avons vu ici ministre
public, et qui, en Angleterre, a la même réputation que
La Fontaine a parmi nous; c'étaient M. Pope, le Boileau 55
d'Angleterre; M. Congreve, qu'on peut en appeler le
Molière; plusieurs autres, dont les noms m'échappent
ici, auraient tous fait fleurir cette compagnie dans sa
naissance. Mais la reine mourut subitement; les Whigs
se mirent dans la tête de faire pendre les protecteurs de 60
l'académie: ce qui, comme vous croyez bien, fut mortel
aux belles-lettres. Les membres de ce corps auraient eu
un grand avantage sur les premiers qui composèrent
l'Académie française: car Swift, Prior, Congreve, Dryden,
Pope, Addison, etc., avaient fixé la langue anglaise par 65
leurs écrits, au lieu que Chapelain, Colletet, Cassagne,
Faret, Cotin, vos premiers académiciens, étaient l'opprobre de votre nation, et que leurs noms sont devenus
si ridicules que, si quelque auteur passable avait le
malheur de s'appeler aujourd'hui Chapelain ou Cotin, il 70
serait obligé de changer de nom. Il aurait fallu surtout
que l'académie anglaise se proposât des occupations

toutes différentes de la nôtre. Un jour, un bel esprit de
ce pays-là me demanda les Mémoires de l'Académie
75 française: "Elle n'écrit point de mémoires, lui répondis-
je; mais elle a fait imprimer soixante ou quatre-vingts
volumes de compliments." Il en parcourut un ou deux;
il ne put jamais entendre ce style, quoiqu'il entendît fort
bien tous nos bons auteurs. "Tout ce que j'entrevois,
80 me dit-il, dans ces beaux discours, c'est que, le récipiendaire ayant assuré que son prédécesseur était un grand
homme, que le cardinal de Richelieu était un très grand
homme, le chancelier Séguier un assez grand homme,
Louis XIV un plus que grand homme, le directeur lui
85 répond la même chose, et ajoute que le récipiendaire
pourrait bien aussi être une espèce de grand homme, et
que, pour lui, directeur, il n'en quitte pas sa part."
    Il est aisé de voir par quelle fatalité presque tous ces
discours académiques ont fait si peu d'honneur à ce
90 corps, *vitium est temporis potius quam hominis.* L'usage
s'est insensiblement établi que tout académicien répéterait
ces éloges à sa réception. Ç'a été une espèce de loi
d'ennuyer le public. Si on cherche ensuite pourquoi les
plus grands génies qui sont entrés dans ce corps ont fait
95 quelquefois les plus mauvaises harangues, la raison en est
encore bien aisée: c'est qu'ils ont voulu briller, c'est
qu'ils ont voulu traiter nouvellement une matière tout
usée. La nécessité de parler, l'embarras de n'avoir rien
à dire, et l'envie d'avoir de l'esprit, sont trois choses
100 capables de rendre ridicule même le plus grand homme.
Ne pouvant trouver de pensées nouvelles, ils ont cherché
des tours nouveaux, et ont parlé sans penser, comme des
gens qui mâcheraient à vide, et feraient semblant de
manger en périssant d'inanition.
105   Au lieu que c'est une loi dans l'Académie française
de faire imprimer tous ces discours, par lesquels seuls
elle est connue, ce devrait être une loi de ne pas les imprimer.
    L'Académie des belles-lettres s'est proposé un but

plus sage et plus utile, c'est de présenter au public un 110
recueil de mémoires remplis de recherches et de critiques
curieuses. Ces mémoires sont déjà estimés chez les
étrangers. On souhaiterait seulement que quelques
matières y fussent plus approfondies, et qu'on n'en eût
point traité d'autres. On se serait, par exemple, fort bien 115
passé de je ne sais quelle dissertation sur les prérogatives
de la main droite sur la main gauche, et de quelques
autres recherches qui, sous un titre moins ridicule, n'en
sont guère moins frivoles.

L'Académie des sciences, dans ses recherches plus 120
difficiles et d'une utilité plus sensible, embrasse la connaissance de la nature et la perfection des arts. Il est à
croire que des études si profondes et si suivies, des calculs
si exacts, des découvertes si fines, des vues si grandes,
produiront enfin quelque chose qui servira au bien de 125
l'univers.

Jusqu'à présent, comme nous l'avons déjà observé
ensemble, c'est dans les siècles les plus barbares que se
sont faites les plus utiles découvertes. Il semble que le
partage des temps les plus éclairés et des compagnies les 130
plus savantes soit de raisonner sur ce que des ignorants
ont inventé. On sait aujourd'hui, après les longues
disputes de M. Huyghens et de M. Renau, la détermination de l'angle le plus avantageux d'un gouvernail
de vaisseau avec la quille; mais Christophe Colomb avait 135
découvert l'Amérique sans rien soupçonner de cet angle.

Je suis bien loin d'inférer de là qu'il faille s'en tenir
seulement à une pratique aveugle; mais il serait heureux
que les physiciens et les géomètres joignissent, autant
qu'il est possible, la pratique à la spéculation. Faut-il 140
que ce qui fait le plus d'honneur à l'esprit humain soit
souvent ce qui est le moins utile? Un homme, avec les
quatre règles d'arithmétique et du bon sens, devient
un grand négociant, un Jacques Cœur, un Delmet, un
Bernard, tandis qu'un pauvre algébriste passe sa vie à 145
chercher dans les nombres des rapports et des propriétés

étonnantes, mais sans usage, et qui ne lui apprendront pas ce que c'est que le change. Tous les arts sont à peu près dans ce cas; il y a un point passé lequel les recherches
150 ne sont plus que pour la curiosité. Ces vérités ingénieuses et inutiles ressemblent à des étoiles qui, placées trop loin de nous, ne donnent point de clarté.

Pour l'Académie française, quel service ne rendrait-elle pas aux lettres, à la langue et à la nation, si, au lieu
155 de faire imprimer tous les ans des compliments, elle faisait imprimer les bons ouvrages du siècle de Louis XIV, épurés de toutes les fautes de langage qui s'y sont glissées? Corneille et Molière en sont pleins, La Fontaine en fourmille: celles qu'on ne pourrait pas corriger
160 seraient au moins marquées. L'Europe, qui lit ces auteurs, apprendrait par eux notre langue avec sûreté. Sa pureté serait à jamais fixée. Les bons livres français, imprimés avec ce soin aux dépens du roi, seraient un des plus glorieux monuments de la nation. J'ai ouï dire que
165 M. Despréaux avait fait autrefois cette proposition, et qu'elle a été renouvelée par un homme dont l'esprit, la sagesse et la saine critique sont connus; mais cette idée a eu le sort de beaucoup d'autres projets utiles, d'être approuvée et d'être négligée.

FIN

NOTES

Roman figures refer to the different Letters, arabic figures to lines in the Letters. V. is Voltaire; L. is John Lockman, the translator of the English edition, published in 1733; M. Lanson is M. Gustave Lanson, author of an *édition critique* of the Letters, Paris, 1924, and of a Life of Voltaire, Paris, 1922. Other obvious abbreviations are used as: *qqch., quelque chose*; *qqn., quelqu'un*; orig., originally; cog., cognate; syn., synonym; cont., contrary; lit., literally; fig., figuratively.

PREMIÈRE LETTRE

Of his twenty-four Letters, Voltaire devoted the first four to the Quakers. The battle in which Voltaire was engaged from the time of the publication of these Letters until his death was the battle for liberty. He strove that men might think freely and speak freely. To him the enemy of liberty was the Church and hence his interest in matters of religion and worship. The Quakers are here presented as exponents of a reasonable form of Christianity, and, even more, as enjoying a freedom of thought and expression which had no parallel in France.

Sur les Quakers: the name *Quaker* appears to have been coined by Gervase Bennett, a magistrate of Derby. Fox (III), indicted before him in Oct. 1650, bade him and the rest of the bench: "Tremble at the word of the Lord". Bennett retorted by calling Fox a 'quaker' and the term is found in the journals of the House of Commons in 1654.

5–9. V. first became acquainted with Quakers while staying with Mr Everard Falkener, at Wandsworth. "Desiring to be improved in the English tongue", he frequented a Quaker school in the parish and had lessons from an usher, Edward Higginson, who afterwards wrote 'An Account of a conversation with Voltaire'. V. read aloud from 'The Spectator' and practised translation by turning into English the Latin treatises of the Quaker apologist, Robert Barclay. V. himself mentions elsewhere that the eminent Quaker, to whom he refers here, was Andrew Pitt, a retired linen-draper of Hampstead. Pitt died (of gout) in 1736 and the 'Gentleman's Magazine', in announcing his death, makes reference to this Letter and adds: "according to some of our newspapers, he inherited many virtues and wanted every vice"

9. **je fus le chercher** =*j'allai le chercher*: V. condemns this expression in his 'Commentaire sur Corneille'. It was common

in the 17th century and V. is, perhaps, unconsciously following Pascal in using it here.

15–8. A writer in 'The Tatler', in describing a wax-works in Germany in which he had seen figures representing the different English religions, gives a somewhat similar account of the Quaker: "His garment had neither sleeve nor skirt nor so much as a superfluous button.... He wore an hat whose brims were exactly parallel to the horizon".

18. **son chapeau sur la tête.** William Penn (IV) offers an explanation of this unattractive habit: "We uncover not our heads to any, but in our duty to almighty God". The practice of Penn's contemporary, Louis XIV, was different: *Jamais, il ne passa devant la moindre coiffe sans soulever son chapeau*—Saint-Simon.

23. The wig afforded protection for the head, even if the natural covering was insufficient, and hats were usually carried under the arm.

31. **la révérence** =*vénération*, and also *inclinaison du corps pour saluer, salut,* 'bow, curtsey'; *l'obéissance* ='obedience, dominion'; Eng. 'obeisance' is derived from archaic 'abaisance', O.F. *abaissance,* 'humility'.

38. *on* fait *une question, on* pose *une question,* 'one asks a question'.

41. **morbleu,** euphemism for *mort de Dieu.* Cf. *parbleu.*

45. **un peu de sel** is mixed with holy water in token of purification, and at baptism the child's lips are touched with salt.

46. **outrer,** ⟨*outre,* Lat. ultra (beyond); = *exagérer, indigner,* 'to carry too far, to exaggerate, to incense'.

57. **user de,** 'to make use of, exercise',—*on use de patience, de prudence; user,* 'to wear out, to use up' =*épuiser,*—*on use ses vêtements, ses ressources.* Cf. *se servir, employer, utiliser,*—*on se sert d'un dictionnaire, d'une expression; on emploie son temps, son argent; on utilise un terrain, des talents.*

60. **en voici bien d'une autre!** =*voici qqch. (une histoire, une affaire) de plus étonnant,* 'this is even more surprising! did one ever hear the like!'

67. **la Mecque,** the birthplace of Mahomet; place-names preceded by the definite article were originally common nouns; they include *le Havre,* 'the harbour', *la Rochelle,* 'the little rock', *la Haye,* 'the enclosure', *le Caire,* 'the victorious,' and less well-known places, as *la Fraite* (Seine-et-Oise), 'the gap', *la Ferté-Bernard* (Sarthe), 'the stronghold'.

77. **les gentils,** 'the Gentiles', ⟨Lat. gentes (the nations). Cf. *gentil,* ⟨L. gentilis, cog. with Eng. 'gentle, jaunty, genteel' = 'nice, gentle, tactful',—*un gentil procédé.*

86. **abuser de qqch.**, 'to make a wrong application of, ill use of',—*abuser de son loisir; abuser qqn.* =*tromper,*—*abuser un malade; insulter, injurier, outrager,* 'to abuse, insult, revile'.

91. 'there is no possibility of converting an enthusiast' (L.); 'enthusiast' had formerly the meaning 'fanatic, visionary',— "Sottish enthusiasts condemn all meditation and learning"— T. Adams, 1614. Note, III, 41.

92. **s'aviser,** 'to pretend' (L.), 'venture, take into one's head',—*on ne s'avise jamais de tout,* 'impossible to think of everything'; *se raviser* =*changer d'avis,* 'to think better of it'.

93. **le faible,** cont. *le fort,* 'weak point', 'strong point',— *Chacun a son fort et son faible; le faible* also =*la prédilection,*— *avoir un faible pour qqn.;* =*qqn. qui est faible,*—*scandaliser les faibles;* =*défaut principal,*—*Le faible de Louis XIV...était de paraître tout faire par lui-même.*

94. **un illuminé,** c.-à-d. *celui qui se croit éclairé par Dieu,* 'visionary, illuminist',—"From Plotinus to Swedenborg, all illuminists have descanted on the floods of light produced by the contemplative process in which they delighted"—Ernest Dimnet.

105. **Robert Barclay,** 1648–90, the chief Quaker apologist and theologian, was the son of David Barclay, a distinguished soldier who joined the Quakers in his old age. Born at Gordonstown in Morayshire and educated at the Scots College in Paris, Robert Barclay had ample opportunity of weighing the relative merits of Calvinists and Roman Catholics. Finding both lacking in charity and Christian simplicity, at the age of nineteen, he embraced Quakerism. He possessed a small estate in Scotland and was able to devote his short life to study and the preaching and teaching of Quaker doctrines. His chief work is entitled 'An Apology for the true Christian Divinity, as the same is preached by the People called in scorn Quakers' (1676). His leading tenet is that divine truth comes by intuition, or immediate revelation in the heart, and that such intuition is the manifestation of the inner light, whose source is Christ, "the light that lighteth every man that cometh into the world".

109. V. kept this promise. All the topics of which he treats in the latter part of this Letter are dealt with by Barclay and almost in the same order.

111. **rendre raison** =*rendre compte de qqch.*, 'explain, account for'.

112. **le mépris,** *le dédain, la mésestime,* 'contempt, disdain, disesteem'; verbs, *mépriser (priser mal), dédaigner (ne pas juger digne), mésestimer.* Distinguish from: *une méprise* =*une erreur, se méprendre* =*se tromper.* Note, X, 48.

113. **avouer** (subs. *un aveu*), ⟨Lat. advocare, syn. *confesser,*

reconnaître, ratifier, 'acknowledge, avow, confess',—*on confesse ses péchés, on admet la vérité.*

tu as eu bien de la peine, 'you have had much difficulty'; *la peine,* 'penalty, suffering, vexation, trouble'; *la douleur,* (bodily or mental) 'pain, sorrow',—*sentir une douleur aiguë; le mal,* 'evil, ache, harm, wrong',—*mal d'autrui n'est que songe,* 'other people's troubles are easily borne'.

empêcher, ⟨Lat. impedicare, cont. *dépêcher,* 'to hinder, prevent, impede'. Cf. *prévenir,* usually 'to anticipate, warn, inform',—*en lui la sagesse a prévenu l'âge,* 'young in years but in sage counsel old'. Note, IX, 13.

129, 130. An echo perhaps of Montaigne: *Les âmes des empereurs et des savetiers sont jectées à mesme moule.*

134. un avertissement, 'warning, notice',—*un avertissement au lecteur.* Cf. *une annonce,* 'advertisement, announcement',—*insérer une annonce dans un journal.*

138. le spectacle, 'spectacle',—*Un beau visage est le plus beau de tous les spectacles*—La Bruyère, 'Des Femmes'; 'play, performance' =*la pièce, la représentation; aller au spectacle* = *aller au théâtre.*

le jeu, in general: 'play, game, sport',—*ce n'est pas de jeu,* 'not playing the game'; here 'gambling, card-playing'.

140. le serment, ⟨sacramentum, 'oath',—*prêter serment, violer son serment.* Cf. *le sermon, le prêche,* note, IV, 35.

143. comparaître, 'to appear' (before a judge or court of justice). Cf. *apparaître, survenir,* 'to appear, arrive unexpectedly'.

145. le procès, 'lawsuit'; *le procédé,* 'process, proceeding, conduct',—*avoir des procédés,* 'to behave like a gentleman'.

151. le dogue, 'mastiff' (L.); in general: 'watch-dog',—*être d'une humeur de dogue,* 'surly as a bear'.

156. The grenadier companies of the infantry regiments wore a mitre-shaped hat, with a plume on the top, but the usual military headgear was a low three-cornered hat.

162. le meurtre =*l'homicide, l'assassinat; meurtrir,* originally 'to murder',—*Ce tyran faisoit cruellement meurtrir tant de gents*—Montaigne; now 'to bruise',—*Pourquoi meurtrissez-vous de coups le visage des pauvres?*—Isaiah iii, 15 (Sacy); *une meurtrissure,* 'a bruise'; *assassiner, tuer,* 'to murder'; *assassin, meurtrier, homicide,* 'murderer'; the last is the general term.

SECONDE LETTRE

In the second Letter, as in the first, V. conveys his information in the form of a dialogue. He thus gives animation to his narrative and at the same time avoids making himself directly responsible for ideas which would be held subversive in France.

7. **le pilier,** 'pillar'; *la colonne* is the usual word for 'a column' of stone (or print). The Monument commemorates the outbreak of the Great Fire and was completed in 1677. The chapel nearest to the Monument was in Hart Court, Grace-church Street.

16. **et débita un galimatias,** 'threw out a strange confused jumble of words' (L.); *débiter,* 'to retail' and so 'to utter', =*dé-clamer, réciter; le galimatias =discours confus, imbroglio,* 'gib-berish'. Lesage had a similar experience: *Un homme ou une femme se lève qui prononce des mots qui n'ont ni suite ni liaison—* 'Remarques sur l'Angleterre' (1715).

21. **tout édifiée et toute stupide.** Cf. Molière, *Toute belle, toute pleine d'attraits, tout aimable que je la trouve*—'Le Bourgeois Gentilhomme', III, 9.

23. **tolérer** =*supporter,* 'to put up with, bear',—*Une des premières vertus sociales est de tolérer dans les autres ce qu'on doit s'interdire à soi-même*—Duclos. Cf. *soutenir,* 'to support, bear, uphold'. Note, XII, 104.

23-30. This abuse was diminishing: *On remarqua que l'effusion du Saint-Esprit était plus fréquente sur les personnes habiles...et sur les femmes les plus accoutumées à parler avec énergie et avec politesse*—Catrou, 'Histoire des Trembleurs' (1733).

28. **le dévot,** 'devout person'; often in disparaging sense: 'bigot, fanatic, hypocrite',—*Il y a des dévots qui ne croient jamais dire assez s'ils n'en disent trop*—Thiers. Cf. *pieux,* of true piety, —*les pieux,* 'holy and humble men of heart'; *religieux,* 'disposed to the duties of religion',—*C'est une chose délicate à un prince re-ligieux de réformer la cour et de la rendre pieuse*—La Bruyère, 'De la Mode'.

32. **nous nous en trouvons bien,** 'we are all the better for it',—*je me trouve bien de la campagne,* 'I am all the better for being in the country'.

38. 'paid nurses'; *la nourrice,* (wet-) nurse; *un mercenaire,* 'a hireling'; *le, la garde-malade,* '(sick-) nurse'; *l'infirmière,* 'hos-pital nurse'; *la bonne d'enfant,* 'children's nurse'.

41. "Gratis accepistis, gratis date"—St Matthew x, 8.

42. **marchander,** 'to haggle about the price of..., to cheapen'; also 'to stint',—*on marchande ses efforts;* fig. *sans marchander =sans hésiter.*

45. **assister** =*aider, secourir qqn.*; lit. 'to stand by', *être pré-sent,—on va assister en personne,—on ne perd rien en assistant à la messe.* It is a proof of English willingness to be of service that this word has for us only the meaning, 'to aid, succour'. In French the verb is usually intrans.,—'to be present, attend'; occasionally also trans. 'to help' in sickness or other distress,—*assister un malade, un condamné.*

46. **prêcher qqn.**, 'to preach to someone'; *prêcher qqch.,—prêcher l'économie*; intr. *prêcher d'exemple, prêcher dans le désert*.

68. **Nicolas de Malebranche,** *prêtre de l'Oratoire,* 1638–1715, author of 'La Recherche de la vérité' and 'Entretiens sur la métaphysique et la religion'. According to his theory of will, to which V. here makes allusion, man has no power to act of his own impulse; it is *l'action divine* which originates the smallest movement and, without it, one cannot *ébranler un fétu*. V. does not always write of him with respect:

> *Je renonce au fatras obscur*
> *Du grand rêveur de l'Oratoire—*'Épître à Formont'.

73. **premier** here =*suivant*, 'next',—*je saisirai la première occasion de vous aider.*

TROISIÈME LETTRE

V. derives much of the information contained in this Letter from William Sewel's 'History of the Rise, Increase, and Progress of the Christian People called Quakers' (1722).

11–3. 'The Bishops' War' began in 1639 with the attempt of Charles I to establish Episcopalianism in Scotland, and, throughout the course of the Civil War which followed, religious differences, as well as political, divided the combatants.

13. **George Fox,** the founder of the Society of Friends, was born in 1624 at "Drayton-in-the-Clay" (Fenny Drayton), Leicestershire, the son of Christopher Fox, a weaver, "an honest man in whom was a seed of God", known to his friends as Righteous Christer. George was apprenticed to a grazier and wool-dealer but, at the age of 19, "at the command of God, he left his relations, and brake off all familiarity or fellowship with old and young". He wandered about in the southern counties, occupied in meditation and in questioning those who professed to have a knowledge of God. The time was one of religious ferment, many sought a more spiritual form of worship, and, after some four years of preparation, Fox began to preach God as the inward light, as a living presence revealed within the soul. He inveighed against temples made with hands,—"steeple-houses", —professors of religion, who did not possess what they professed, the taking of oaths, pretentiousness of dress or speech, intemperance and smoking. From the groups of friends which were gradually formed about him grew up the Society of Friends. Men of wealth and education, as William Penn and Richard Barclay, joined him and, at the time of his death in 1691, his followers were numerous in England and his teaching was spreading in Holland and parts of Germany. Wm Penn thus sums up his character: "So meek, contented, modest, easy,

steady, tender, it was a pleasure to be in his company. He exercised no authority but over evil and that everywhere and in all, but with love, compassion and long-suffering. A most merciful man, as ready to forgive as unapt to take or give an offence.... The most excellent spirits loved him with an unfeigned and unfading love".

16. **sans savoir**...**écrire**; eventually he became a writer, perhaps not as prolific as V., but one who cannot be reproached with idleness. "The exhaustive list of his writings in the Descriptive Catalogue of Friends' books, 1868, occupies no less than fifty-three pages"—W. W. Tulloch.

17. **saintement fou**, 'a holy madman' (L.).

18. **depuis les pieds jusqu'à la tête**: this seems doubtful. Concerning a meeting at Kellet, Lancs., Fox wrote in his Journal, 1652: "A captain asked me where my leather breeches were, and I held up my coat and said—Here are my leather breeches which frighten all beholders". (Leather was chosen, it may be supposed, to show his disregard for dress, and because of its durability.)

32. **aux Petites-Maisons** =*hospice des aliénés*, generally 'lunatic asylum', here 'house of correction' (L.). *L'hospice des Petites-Maisons* in the *faubourg Saint-Germain*, Paris, was built in 1554 as an asylum for beggars and insane persons. It consisted of a row of small cottages.

35. **à la rigueur**, 'with the utmost severity'; notice other senses,—*il ne faut pas prendre ce qu'il dit à la rigueur* (or, now more usually, *au pied de la lettre*)—'as strictly true'; *à la rigueur, je puis me passer de viande*—'if necessary, at a pinch'.

la sentence, 'maxim, judgment, (judicial) sentence'; cf. *sentencieux*, 'sententious', and *la phrase*, 'sentence, phrase'.

41. **l'enthousiasme** (note, I, 91), in the 18th century sense of 'ecstasy, frenzy'. Locke wrote: "Enthusiasm rises from the conceits of a warmed or overweening imagination". Lord Lyttelton enumerated the ingredients of enthusiasm: "Great heat of temper, melancholy, ignorance, credulity, and vanity or self-conceit"—S. C. Roberts, 'An Eighteenth Century Gentleman and other Essays'. V. also appears to use *enthousiasme* in the modern sense, defined by Mr Roberts as connoting "a certain temperamental ardour, an eagerness for fresh experience, a belief in the value of life": *Rien ne se fait sans un peu d'enthousiasme*—'Lettre', 1761.

42. **une maladie qui se gagne** =*maladie contagieuse*, 'epidemical distemper' (L.).

46. **un prosélyte**, lit. 'one who comes to' a preacher; syn. *un converti*, as in the phrase *prêcher (à) un converti*.

47. **mis au pilori**: Quakers were pilloried at different times

but no authority has been found for this statement. Sewel states that the gaoler of Derby was convinced (converted), also four constables at Pickering. Fox was imprisoned at Launceston in 1656 and harshly treated. In the following year his gaoler was convicted and imprisoned: *De tout cela a pu se composer l'anecdote voltairienne avec substitution d'un prêtre au geôlier pour la joie du lecteur*—Lanson.

48. **haranguer** =*adresser un discours*, orig. 'to address a *ring* (O.H.G. hring) of hearers'.

56. The Quakers refused to swear allegiance to the Protector or to pay tithes, and Fox makes frequent mention in his Journal of persecution, both by imprisonment and by the breaking up of meetings. Little came of his various interviews with Cromwell. In vain he pleaded with him for the release of Quaker prisoners and bade him "mind the crown that is immortal". They last met in the autumn of 1658, when Fox "saw and felt a waft of death go forth against the Protector".

61. **la créance** =*la croyance*, which is now the usual word, 'faith, belief'; *la créance* is used in a commercial sense,—*lettre de créance*, 'letter of credit'. Cf. *le créancier*, 'creditor'.

67. **la prêtresse**, 'the priestess at Delphi, the Delphic oracle'.

74. Sewel traces the name to a favourite saying of Fox: 'Tremble at the word of the Lord". Barclay gives the explanation which is found here, adding: "nomen...nobis ironice impositum est". See note, 1, 1.

75. **le petit peuple**, c.-à-d. *les gens des classes inférieures*, now replaced by the less urbane *le bas peuple*.

86–8. Several judges who treated Quakers harshly were said to have died suddenly or unhappily. This particular anecdote is of the kind called *symbolique*, 'representative' or 'typical', and is made up from different statements of Sewel. Fox wrote to Judge John Sawrey: "Thou wast the first beginner of all persecution in the North....But God has shortened thy days". A little later he notes in his Journal that Justice Sawrey was drowned. Fox's methods and language at this period of his career are scarcely in agreement with the description that Penn has left of him. His usual practice was to go to churches on Sundays, abuse the parson and enrage the congregation. One example, out of very many recorded in the Journal, may be given: "On the first day, I went to the steeple-house at Cockermouth. When the priest had done, I began to speak and the people began to be rude....I turned to the priest and laid him open among the false prophets and hirelings" (1653).

93–5. "I bid them let the Protector know I would not eat a bit of his bread, nor drink a sup of his drink. When he heard this he said: 'Now I see there is a people risen up that I cannot win either with gifts, honours, offices or places'"—'Journal of George Fox' (1655).

109. **une épreuve** =*souffrance, malheur*, 'trial, affliction'; =*essai, expérience*, 'test, experiment, (printer's) proof' (XII, 127); *à l'épreuve de*, 'proof against',—*Nous n'avons pas les yeux à l'épreuve des belles, ni les mains à celle de l'or*—La Fontaine. Cf. *une preuve*, 'proof, evidence, testimony'; *éprouver*, 'to test, experience'; *prouver*, 'to prove'.

111. **la disgrâce** =*perte de la faveur de qqn., malheur, manque de grâce*,—*Le souvenir du bonheur passé rend plus vif le sentiment d'une disgrâce présente*—J.-J. Rousseau; *la honte, l'opprobre*, 'disgrace',—*il fait la honte de l'école*.

117. **un particulier obscur**, 'a private man of no figure' (L.).

118. The persecution slackened only for a brief period. On the accession of James II, upwards of one thousand Quakers gained their liberty by virtue of the Declaration of Indulgence. Persecution finally ceased only with the passing of the Act of Toleration in 1689.

QUATRIÈME LETTRE

The chief source of information is William Penn's Autobiography, published with a collection of his works in 1726.

3. **environ ce temps**, the phrase is no longer in current use, =*vers ce temps, à peu près à cette époque-là*. L. has a footnote, "1666", which is the year in which Penn was in Cork and first came into conflict with the civil authorities. *Environ*, as adverb = *à peu près,—il y a environ deux ans*, 'about'; as plural noun, *les environs, les alentours*, 'neighbourhood, surroundings'.

William Penn (1644–1718) was the son of Admiral Sir Wm Penn. His mother was Margaret Jasper, "an old Dutchwoman", in Pepys' inelegant phrase. He was brought up in a Puritan environment at Wanstead, Essex, and early showed a tendency towards mysticism, as well as a liking for athletic sports. He matriculated at Oxford in 1660 but, coming under the influence of Thos Loe, he fell into disgrace and was rusticated in 1661 for nonconformity. His irate father sent him abroad and, after four years in France and Spain, he returned quite "a modish person" (Pepys). He next appears in southern Ireland, where his father had estates. In 1667 he suffered a short imprisonment at Cork, with other Quakers, for holding a tumultuous assembly. Recalled to England, he was deaf to his father's loud voice, and henceforward was conspicuous as "a Quaker complete, in creed, costume, and character". He underwent several terms of imprisonment for breaches of the Conventicle Act but his spirit was unbroken: "My prison shall be my grave before I will budge a jot", he exclaimed on one occasion. After his father's death in 1670, he was a wealthy man. He interested himself in the American colonies with a view to Quaker emigration thither and in 1681 obtained, in liquidation of moneys owing to the estate of his father, the grant of lands which were known eventually as the states of Pennsylvania and Delaware. The constitution which he drew up for the new colonies allowed toleration for all Christians, and only murder was a capital offence. The early years of the Quaker colonies were by no means tranquil, as the constitution proved unworkable and had to be amended, and there were frequent disputes between the provinces and the adjacent territories. Penn's last years were clouded by these and other troubles, domestic and financial. He was a man of genuine piety, courageous, idealistic and magnanimous, but optimistic rather than perspicacious. His manner was courtly and he was a vivacious and persuasive speaker.

7. **unique**, 'only', as in *enfant unique, prix unique*; occasionally in sense of 'unrivalled'—*un peintre unique dans son genre.* Cf. *sans pareil, incomparable,* 'unique'.

Sir William Penn was vice-admiral under Robert Blake in 1652–3; in 1655 he bore the title 'General and Commander-in-chief of the Fleet' (which captured Jamaica); in 1665 he was 'Great Captain Commander' of the fleet under James, Duke of York.

9. Penn matriculated Oct. 1660, a few days after his sixteenth birthday.

11. **persuader** =*convertir*; more often =*convaincre,—persuader qqn.,—on lui a persuadé de rester.*

14. **insensiblement** =*peu à peu*, 'gradually'; also 'imperceptibly'.

17. **au sortir du collège**, 'on leaving college'; *la rentrée, la sortie,* 'first day, last day of term'.

19. **selon l'usage des Anglais**: these words are omitted in the English translation but César de Saussure, writing a little later, speaks of the practice as prevailing among *les enfants bien élevés.*

22. **s'apercevoir** =*remarquer*, 'become aware of', 'perceive' with the mind; *apercevoir* =*commencer à voir*, 'catch sight of', 'perceive' with the eyes.

24. **engager** =*pousser, persuader,* 'induce, urge, invite',— *je vous engage à prendre patience*; also 'pledge, engage, begin',— *on engage ses meubles, un domestique, une discussion.* Cf. *se fiancer avec qqn.*

27. **se relâcher** here =*se borner*, 'confined himself to this

single request' (L.); *relâcher =détendre,* ' to slacken ',—*des cordes,* etc.; *se relâcher,* ' to grow slack, yield ',—*son zèle se relâche, on ne se relâche sur rien.*

35. 'The Church of England clergy found their congregations dwindle away' (L.); *le prêche,* 'sermon', in Protestant Church, and hence, Protestant ' place of worship, congregation '; *éclaircir =rendre clair, moins épais,* ' to solve, clear ',—*éclaircir un mystère, un problème, la voix, une sauce; s'éclaircir =devenir moins nombreux, devenir clair, s'instruire,* 'dwindle, clear up, inform oneself ',—*la troupe s'éclaircit, le temps s'éclaircit.*

38. The headquarters of the Quaker movement at this time was Swarthmoor Hall, the residence of the widow, Margaret Fell, whom Fox married in 1669. Fox built and endowed a meeting-house in this neighbourhood.

39. **sur sa réputation,** the expression is no longer current, =*d'après sa réputation.*

43. **la vigne** =*le vignoble,*—*la vigne du Seigneur,* ' the Lord's vineyard'.

44. **le succès** =*l'issue, le résultat,* hence,—*ils eurent un heureux succès,* ' they were crowned with success '; often =*la réussite, issue heureuse; réussir =avoir du succès,—Il n'y a qu'à être heureux, tout réussit*—Mme de Sévigné; *On se porte volontiers au secours du vainqueur*—Talleyrand, 'nothing succeeds like success'; *succéder =venir après,*

> *On dit qu'aujourd'hui la jeunesse*
> *A fait à la délicatesse*
> *Succéder la grossièrté*—V., 'Épîtres', 19.

46. **Élisabeth,** daughter of Frederick, Prince Palatine, and Elizabeth, daughter of James I. She was abbess of the convent of Herford, Westphalia, and it was there that Penn visited her in 1677. For Descartes, see note, XIII, 51.

50. Fox uses the term ' Friend' in 1647: "These people came out of these things [relying much on dreams], and at last became Friends "—Journal. It was generally used in England at least from Charles II's reign onwards. Other early names were: ' Children of Light' and ' Friends of Truth'.

52. **une conférence** here =*réunion, discussion publique,* ' conference, meeting'; more often, 'lecture',—*maître des conférences, 'professor'; conférencier,* 'lecturer'.

56. **recueillir** =*récolter, rassembler, recevoir chez soi,—on recueille les fruits, les débris, ceux qui sont dans le besoin, les derniers soupirs de qqn.* (p. 61), 'support him in the hour of death'; *on se recueille =on est absorbé dans ses idées.* Cf. *cueillir,* ' to gather '; *accueillir,* ' to welcome' (gather in one's arms).

60. **sur la nouvelle,** now *apprenant* would be more usual.

66. **la ganse** =*un cordonnet rond*, 'a crape hatband to his beaver' (L.). Penn followed, it seems, his father's good advice as his dress is described later as "plain but well cut and neat". He deprecated, however, too little care of the soul joined with too much of the body: "The body shall have three or four new suits in a year but the soul must wear its old clothes still".

72. **tutoyer**: "Penn was obliged to go and Thee and Thou King Charles" (L.).

79. It would have been contrary to his own teaching if Penn had made himself conspicuous for all time by giving his name to the colony. "Remember the proverb", he wrote, "they are happy who live retiredly." Charles II christened the colony while Philadelphia, 'brotherly love', owes its name to Penn.

86. This statement must refer to underlying principles. The first General Assembly of the Colony (1682) accepted Penn's constitution and code but only with modifications and additions. The changes made later on were considerable. The constitution is nevertheless memorable as providing the largest measure of liberty of conscience which had been granted anywhere up to that date, and also as forming, at a later date, a groundwork for the constitution of the United States.

88. **croire un Dieu**, 'believe in the existence of a God'. Penn's provision was: "All who confess the one Almighty and Eternal God to be the Creator of the world shall in no wise be molested". Cf. *croire à* (the usual form), 'believe in',—*on croit au Saint-Esprit, à la vie éternelle*; (without article) *on croit en Dieu, en soi.*

91. **les naturels**, c.-à-d. *les habitants originaires d'un pays; le naturel* =*le caractère,—chassez le naturel, il revient au galop,* 'what is bred in the bone will come out'; =*absence d'affectation, —elle a du naturel, de l'esprit; au naturel* =*avec vérité,—peindre qqn. au naturel;* =*sans apprêts,—un bifteck au naturel,* more often, *un bifteck nature.*

94. **le conquérant**, 'conqueror',—*Ceux qui font des heureux sont les vrais conquérants*—V.; for formation, cf. *le débutant, le mendiant, le figurant, le prétendant.*

96. **prétendu**, 'falsely so-called' (L.), also 'fictitious, self-styled'; *prétendre*, 'to claim, allege' (IV, 94). Cf. *feindre, faire semblant*, 'to pretend, feign'.

102. **à la magistrature près**, 'except in the matter of the magistracy'; *à cela près*, 'with that exception',—*A une grande vanité près, les héros sont faits comme les autres hommes*—La Rochefoucauld.

110. **un sectaire**, c.-à-d. *celui qui suit avec excès les doctrines particulières d'une secte*, 'sectary, dissenter'.

117-21. Penn knew that the principle of toleration had been

accepted in Maryland and was, in consequence, more in sympathy with the Roman Church than with the Church of England, which had always been hostile to the Quakers. V.'s defence is just and conclusive.

127. "As much overdid some things as he was short in others"—(L.).

136. **sans contradiction** =*sans opposition formelle.* Cf. *sans contredit* =*sans qu'on puisse dire le contraire,—il est le meilleur sans contredit.*

136, 138. **retourner** =*aller là d'où l'on est venu,* 'return, go back'; **revenir** =*venir d'où l'on est parti,* 'return, come back'.

139. Penn confirmed important changes which had been made in the constitution of the provincial councils and in the powers of the General Assembly.

155. The original charter was not annulled till 1778, when the descendants of Penn received £130,000 by way of compensation.

157. **dépérir** =*s'affaiblir graduellement,* 'to dwindle, decay'; *périr* =*tomber en ruine, mourir.* Nonconformity was declining at the time when V. wrote but its revival came with the preaching of Wesley from 1740 onwards.

162. V. overlooks the fact that the privilege of affirming instead of taking oaths was granted to the Quakers in 1698, and, on the accession of George I in 1715, made perpetual and extended to Scotland and the American colonies.

CINQUIÈME LETTRE

In this Letter, V. brings together his personal impressions of the Anglican Church. These were of a favourable kind and, in later years, he continued an admirer of an Established Church: *Une bonne religion honnête...bien établie par acte du Parlement, bien dépendante du souverain, voilà ce qu'il nous faut, et tolérons toutes les autres*—'Dialogues d'A.B.C.'

4. Cf. 'The Tatler', No. 257: "Great Britain is particularly fruitful in religions that shoot up and flourish in this climate more than in any other".

8. **par excellence,** 'above all, pre-eminently, by way of distinction'.

on ne peut avoir...: the reference is to the Test Act. Note, XI, 149.

13. **le giron,** orig. 'skirt of dress', from waist to knee, 'lap'; fig. 'bosom, pale',—*ramener qqn. au giron de l'Église.*

19. **les ouailles,** Lat. ovicula, dim. of ovis (sheep), now used only fig. of 'flock, sheep, congregation'. Cf. *le troupeau, les moutons.*

22. The Tories not infrequently showed their zeal by breaking the windows of nonconformists and wrecking meeting-houses. They were particularly zealous in the year 1728 when this Letter was written.

26. **agité**, 'rough, stormy'; 'restless'—*une mère agitée*; *agiter =secouer, remuer, débattre*, 'to wave, shake, discuss',—*agiter la bouteille avant de s'en servir, agiter un mouchoir, une question* (XII, 3); =*émouvoir, troubler*, 'to excite, agitate',—*agiter une assemblée, un malade*.

27. **les Guelfes et les Gibelins**, 'Guelphs and Ghibellines', the two parties—papal and imperial—whose conflicts fill the history of Germany and Italy from the 11th century to the 15th. The names of the German princely houses of *Welf* and of *Waiblingen* were used as war-cries.

28. 'that the parties should take opposite sides in religious matters'; *le parti*, 'political party, decision',—*prendre un parti*; 'profit, match (matrimonial)'; *la partie*, 'pleasure party, match or game (side), portion'; *la part*, 'share',—*la part du lion*; 'behalf',—*saluez-la de ma part*; 'place',—*quelque part, autre part, nulle part*.

32. **Robert Harley**, 1661–1724, entered Parliament, 1689; Speaker, 1701–5; leader of Tories, from 1710; Lord Treasurer and Baron Harley, Earl of Oxford and Mortimer, 1711; deprived of office, 1714; impeached (to no purpose), 1717. His success is attributed to knowledge of parliamentary procedure and diplomacy rather than to statesmanship or eloquence, to duplicity and cunning rather than to brilliance or charm. Treacherous, irresolute and dilatory, he failed to maintain himself long at the summit of power. He cultivated the society of literary men and was the first parliamentary leader to engage the services of the press in support of his policies. He formed a great library, and a collection of MSS., which is now known as the Harleian, and is among the treasures of the British Museum.

33. **Henry St John, Viscount Bolingbroke**, was born and died at Battersea, 1678–1751. He was descended from William St John, one of William the Conqueror's knights, and several of his ancestors were distinguished men. He was educated at Eton, and in France, where he began the acquisition of a command of the language so remarkable that it is strangely difficult to find mistakes in his written compositions, while his accent satisfied the fastidious ear of V. He entered Parliament at the age of twenty-three, and joined the Tories, the party which happened to offer most scope for his ambition. Three years later, he was Secretary at War, 1704–8, and displayed unusual ability and zeal. He was out of office and of Parliament during the Whig supremacy. The four years following, 1710–4, were the

most eventful of his life: he was the leading member of Harley's administration and the Treaty of Utrecht was his work; in 1714, only the distrust of his supporters, and the suddenness of the death of Queen Anne, robbed him of the opportunity of controlling the settlement of the succession to the throne, for which he had been scheming. When the Whigs triumphed with the accession of George I, he was attainted and spent nine years in exile in France. Pardoned and once more in England in 1723, he became the moving spirit of the opposition to Walpole. His activities were manifold and unceasing: not only in politics but in literature and science, in theological and philosophical speculation, he was a pioneer and a master. He was a man of commanding presence, an orator unequalled in his day, and a writer who has a place in the history of English prose, but his matchless gifts were, in a measure, wasted, for lack of convictions, of scruples, and of morals. V. was twenty-nine and Bolingbroke was forty-five when they first met in France in 1723. V. conceived for him an admiration which never waned. He wrote to Thieriot: *J'ai trouvé dans cet illustre Anglais toute l'érudition de son pays et toute la politesse du nôtre. Je n'ai jamais entendu parler notre langue avec plus d'énergie et de justesse. Cet homme, qui a été toute sa vie plongé dans les plaisirs et dans les affaires, a trouvé pourtant le moyen de tout apprendre et de tout retenir.* Bolingbroke befriended V. during the latter's stay in England: *Mon adresse: chez mylord Bolingbrooke à Londres,* October, 1726. Bolingbroke preferred monologue to conversation and V. at this time was content to be a listener. V. was made conversant with Bacon, Newton and Locke; he adopted many of Bolingbroke's theories in philosophy and history, and Bolingbroke's continuing influence can be traced in much of the scepticism and iconoclasm of V.'s later writings.

38. **raisonner de controverse** =*raisonner sur des matières de controverse*, 'to dispute on matters of faith' (or belief); *raisonner* =*argumenter, débattre,—on raisonne sur qqch., on raisonne par analogie; la controverse,* 'controversy, debate' (especially about matters of religion); *hors de controverse,* 'incontrovertible, beyond dispute'.

39. **impie**, cont. *pieux; un impie,—Pour faire des impies, il faut être fanatique et intolérant*—V.

40–4. The ecclesiastical provinces of Canterbury and York had each its Convocation, and each Convocation consisted of an Upper House (archbishops and bishops) and a Lower (the rest of the clergy). Convocation was indefinitely prorogued in 1717, as a punishment for the condemnation of a book by the Whig Bishop Hoadley, and meetings were not resumed till 1852 (Canterbury) and 1856 (York).

45. The two archbishops, the Bishops of London, Winchester and Durham and the 21 senior bishops were (and are) entitled to seats. Locke had said the bishops were "the dead weight of the House". V. argues that, like the *ducs et pairs* of the *Parlement de Paris*, they had votes but no influence.

49. Besides **les ducs et pairs**, who alone were entitled to sit in the *Parlement*, there were life-dukes, *ducs à brevet*, and *ducs héréditaires*. The most famous *duc et pair* is Saint-Simon who at this time was occupied in the writing of his immortal *Mémoires*. The *Parlements* registered edicts of the king but, apart from this function, they acted as courts of law and consisted chiefly of lawyers. At the time of the Revolution, there were twelve provincial *Parlements* in addition to the *Parlement de Paris*.

le pair, ⟨Lat. par, 'peer',—*hors de pair*, 'peerless'; *pair et impair*, 'even and odd'; *une paire*, 'a pair',—*c'est une autre paire de manches*.

50. The allusion is to the oath required from incumbents of church livings: "I will conform to the Liturgy of the Church of England as it is now by law established".

54. The title **archiprêtre**, 'arch-priest', was used occasionally for 'rural dean'. V. employs it in this sense or, inadvertently, for *archidiacre*, 'archdeacon'.

58. **Pierre-François le Courayer**, canon of Sainte-Geneviève, published in 1723 a 'Dissertation' in which he admitted the validity of Anglican orders. He was excommunicated and withdrew to London, where he spent the remaining forty-eight years of his life.

65. **Matthew Parker**, 1504–75, was consecrated Archbishop of Canterbury, at Lambeth, 1559. The story, first heard about 1600, that he was consecrated at the Nag's Head Tavern, Cheapside, may be dismissed as a fable.

68. **le lord B.,** Bolingbroke, who is also said to have maintained that "a bishop is nothing but a layman with a crosier in his hand".

69. **le camail**, 'camail', the bishop's short violet cape.

le rochet, 'rochet', a close-fitting surplice worn under the loosely fitting 'chimere' with its lawn sleeves; cf. Ger. der Rock, 'coat'.

71. **les mœurs**, 'manners and morals', in one word; cf. *la morale*, 'morality, moral (of fable)'; *le moral*, 'spirit, tone, courage, mind, spirits',—*Le physique influe sur le moral et le moral sur le physique*—Buffon.

80. **au sortir du collège**, note, IV, 17.

82. **la mauvaise grâce**: Chesterfield, in later years V.'s friend and admirer, writes in a similar strain of University men: "'They are commonly twenty years old before they have spoken

NOTES   123

to anyone above their schoolmaster and the Fellows of their
College. They go abroad but being very awkward, confoundedly
ashamed and not speaking the languages, they go into no
foreign company, at least none good ".

83. **le commerce**, 'commerce, trade'; but also 'intercourse,
converse',—*Vit-on jamais un prince d'un commerce plus aisé, plus
libre, plus commode?*—Boileau, of Condé.

86. 'if they fuddle themselves, it is in a very serious manner' (L.).

89. **séculier** =*laïque*, 'of the laity'; also of a priest who has
not taken monastic vows, *prêtre séculier*.

un abbé, strictly the head of an *abbaye*; but in the 18th
century there were *abbés hors abbaye*, priests who had deserted
their orders or cures, and *abbés commendataires* who had never
taken Holy Orders but enjoyed the revenues of an abbey.
V.'s godfather, Châteauneuf, was one of these *abbés pour rire*,
and in part to blame for the follies of V.'s early years, the mis-
chievous and unbecoming prologue to a life of incessant and
generous labour.

91. **le pédant**, 'pedant', but also 'formalist, one respectful
of convention'.

99–101. **je diz haereticque bruslable**—Rabelais. V. here
appears for a brief moment conspicuously on the scene, offering
an ironic apology for his attack on the *abbés*.

100. **François Rabelais** was born at Chinon in Touraine
about 1494 and died about 1553. The composition of his work
'Gargantua et Pantagruel' afforded him recreation during
some twenty years, but it was far from being, in his own eyes or
his contemporaries', the great achievement of his life. He was
a friar, monk, doctor, professor (of medicine) and diplomatist.
Above all, he was an eager student and an active, robustious
man, who enjoyed life. His book was written for his own amusement and to provide relief for sick people—*les affligés et malades
absents*. It is a burlesque of the romance of chivalry, wherein is
recounted the birth and education of Gargantua, and of his son
Panurge. Its loose form gives full scope to the author's powers
of irony and hence his fame as "Rabelais, with his satire, rending
the nations". He condemns, in his ironical fashion, the folly of
war, the delays of justice, the futility of monasticism. He offers
advice, as that life should be free, joyous and studious; doctors
should be cheerful; children should have five hours daily for
physical recreation and should not be beaten. Gardeners owe
to one of his stories the name of that famous pear, *Bon-Chrétien*.
He accepted and strengthened the convention which made for
obscenity (XXI, 36–46): hence *rabelaisien =gros et cynique*,
'coarsely humorous', and La Bruyère's censure: *Marot et*

Rabelais sont inexcusables d'avoir semé l'ordure dans leurs écrits (1689). On the other hand, he stands for gaiety, fearless optimism and common sense. He delights in *une certaine gaîté d'esprit confite en mépris des choses fortuites*, and greets the unseen with a cheer—*Bon espoir y gît au fond*. Note, XXII, 33.

SIXIÈME LETTRE

4. Though Roman Catholicism was then as now the religion of the majority of the Irish people, attempt was being made to suppress it and all Roman Catholic worship was prohibited.

7. John Knox, the founder of Presbyterianism in Scotland, spent two years in Geneva, 1556–8. He came into personal contact with Calvin and Calvin's influence can be traced in much of Knox's subsequent conduct.

10. **le luxe**, ⟨Lat. luxus, luxuria =*somptuosité*, 'profusion, luxury'; adj. *luxueux*. Cf. *la luxure =impudicité*, 'lewdness, lasciviousness' (this was the original meaning of 'luxury'); adj. *luxuriant*, 'superabundant'—*moisson luxuriante*.

prendre le parti, note, V, 29.

12. **Diogenes** the Cynic flourished in the 4th century B.C. He despised every sort of comfort and was ever eager to 'practise some new austerity'. He condemned astronomers for gazing at heavenly bodies while profoundly ignorant of earthly ones, and musicians who strove to make their lyres rather than their lives harmonious. When Alexander the Great asked what service he could render him, Diogenes replied: "You can stand out of my sunshine". Note, XIII, 16.

14. 'this proud though tattered reasoner' (L.); *gueux, gueuse*, adj. and noun =*mendiant*, 'beggar', 'beggarly',—*gueux comme un rat*.

18. **essuyer** =*éponger, sécher—subir*, 'to wipe, dry—undergo, sustain, suffer'; *on essuie les mains, ses larmes—une perte, une défaite, un refus*.

19. **défendre** =*protéger,—on défend ses intérêts*; here =*interdire, refuser,—on défend le jeu au roi; défense de fumer, de cracher sur les dalles*.

jouer, 'to play', here in special sense: *jouer aux cartes*, 'to play cards, gamble'; so also *le jeu*, 'game, gambling',—*heureux au jeu*, 'lucky at gambling'.

mettre en pénitence, 'to put in the corner' (old form of punishment).

21. V. here summarises in a few words the history of several years. Charles wearied doubtless of the rigours of the Presbyterian discipline but he actually fled from Cromwell's victorious army, after the defeat of the Scots at Worcester, Sept. 3, 1651,

and landed at Fécamp in Normandy, Oct. 16; *pédant*, see note, V, 91; *se sauver =fuir, s'évader*, 'to run away, skedaddle'; *l'évasion*, 'running away' (from school, etc.),—*Je calculai longtemps mes moyens d'évasion*—Lamartine, 'Les Confidences', p. 114.

23. **devant** =*en comparaison avec; un bachelier français*, 'a French graduate' (L.); *un garçon, vieux garçon =célibataire*, 'old bachelor'; *un ancien élève*, 'old boy' (of a school).

25. Cato, called 'the Elder' to distinguish him from his great grandson, Cato of Utica (XVIII, 134), Roman censor, 184 B.C. He made himself so famous as an advocate of simplicity and an opponent of luxury that his name is sometimes used to describe an austere man who leads an exemplary life.

26. **un galant**, 'a very spark' (L.)

28. Only the Anglican clergy were allowed to wear the cassock, *la soutane*.

32. **la rente**, ⟨Lat. reddita =*revenu annuel*, 'yearly income'; *rente viagère*, 'life annuity'; *le rentier*, c.-à-d. *celui qui a des rentes*, 'yearly income' (from investments). Cf. *le loyer*, ⟨Lat. locarium, 'rent, pay, reward',—*Toute peine, dit-on, est digne de loyer*—La Fontaine.

37. Though Scotland has been called the classic land of Sabbath observance, and in spite of Voltaire's assertion, it would seem that Sabbatarianism began in England and travelled north. The first authoritative statement of the Sabbatarian position is found in Nicholas Bownde's 'True Doctrine of the Sabbath' (London, 1595), and it is only after this date that Scottish Kirk session records are filled with proceedings against Sabbath-breakers, among whom were included those who shaved on Sunday.

44. **les honnêtes gens**, 'people of taste, decent people, the gentry, the quality',—*Si Bayle* (note, VII, 52) *a beaucoup douté, songez qu'il n'a jamais douté de la nécessité d'être honnête homme*—V., 'Lettre', 1775. But here perhaps L.'s rendering, 'the genteel', is the best. See XIX, 2.

49. **le prédicant**, contemptuous term for Protestant 'preacher' or 'minister'; the usual term is *prédicateur*.

51. The ecclesiastical controversy *par excellence* of the 17th century in France was that between the Jansenists, despising worldly success and teaching their doctrines of grace and predestination, and the Jesuits, whose aim was worldly power and with whom the first virtue was obedience. To the Jesuits, the Jansenists were Calvinists in disguise; to the Jansenists, the Jesuits were corrupters of youth.

52. **la Bourse de Londres**: the original Royal Exchange was built by Sir Thomas Gresham, 1566–8, and destroyed in the Great Fire. The building of which V. speaks was built in the

reign of Charles II and burnt down in 1838. The present Royal Exchange was opened by Queen Victoria in 1844, but its importance has diminished with the establishment of special Exchanges, as the Stock Exchange and the Baltic, and it is now far from being the rendezvous of all foreigners.

SEPTIÈME LETTRE

V. devotes six letters to the description of different Christian sects and concludes Letter VI with some general remarks. In Letter VII, he discusses *les anti-trinitaires*. He avoids altogether the dangerous topic of *les libres-penseurs*, or free-thinkers.

5. **séculier**, note, v, 89.

6. **les Ariens**: followers of Arius, a native of Libya (*c*. 280–336) who denied the divinity of Jesus Christ and whose chief opponent was Athanasius, patriarch of Alexandria; *les sociniens*: Lelio and Fausto Sozzini, Italian theologians of the 16th century, gave their name (in its Latin form, Socinus) to Socinianism. They taught that Jesus Christ was created by God to be the Saviour of the world.

11. **la consubstantiation**: this term is usually applied to the Lutheran doctrine of the Eucharist but is here used for the relationship between the Father and the Son as Persons of the Trinity. Theodoret, the ecclesiastical historian of the 5th century, tells the anecdote of St Amphiloque, bishop of Iconium in the 4th century, and it is repeated in the translation of George Bull's 'Defensio Fidei Nicaenae', published in 1725.

20. **malavisé**, *de celui qui agit sans intelligence*, 'ill-advised, indiscreet'.

21. **il n'était rien moins que concluant**, 'was far from conclusive'. Cf. *elle n'est rien moins que belle*, c.-à-d. *elle est vilaine; un jeune poète n'est rien moins que patient*.

28. **M. Newton**, from 1703 he was Sir Isaac, of whom much will be heard later. His interest in religion was at times more absorbing than his interest in science.

32. **Samuel Clarke**, 1675–1729, scientist and theologian, a disciple of Isaac Newton. He was a prolific writer and held various church benefices. In the long list of his works is a treatise on the 'Scripture Doctrine of the Trinity' (1712), which led to accusations of Arianism against him in Convocation. V., who had an interview with him and was deeply impressed by his reverent mode of uttering the name of God, here refers to his works: 'A Demonstration of the Being and Attributes of God' and 'The Truth and Certainty of the Christian Revelation'.

33. **amateur**, 'fond of, having a love for'; noun, 'lover, admirer', *celui qui aime—a un goût vif pour—qqch., un art, une*

science, etc.; Curieux de l'étude, amateur du beau en tout—Sainte-Beuve, of P.-L. Courier; 'amateur',—*un ouvrage d'amateur*; pej. 'smatterer, indifferent performer, dilettante',—*peindre, chanter, en amateur.* Cf. *amant, amoureux de qqn.*

37. **entendre** =*tendre l'oreille, écouter,* but also =*comprendre.*

39. **méprisé,** note, 1, 112.

42. M. Lanson puts the question: *Serait-ce V. lui-même qui se cacherait sous ce masque?*

43. **les billevesées,** ⟨O.F. *billeveze* =*cornemuse,* 'bagpipes'; *chose vide de sens que qqn. dit,* 'windy talk, bunkum'; here 'time-honoured nonsense'.

45. **un unitaire**=*celui qui ne reconnaît qu'une seule personne en Dieu,* 'Unitarian'. The ending of the Eng. word is no doubt suggested by 'Arian'. The term includes both Arians and Socinians.

46. **la voix,** 'voice'; here =*le suffrage, le vote,* 'vote'.

47. **le partisan,** *celui qui est attaché à un parti, un système,* 'adherent, supporter'. Unlike Eng. 'partisan' the word does not imply 'prejudiced adherent',—*un zèle aveugle,* 'partisan zeal'.

50. The only occasion when there was a vacancy at Canterbury, which Dr Clarke might have been chosen to fill, was in 1715, when Wake succeeded Tillotson. But the candidature of Dr Clarke was not suggested at this time. Coxe, the biographer of Walpole, states that the doctor refused a bishopric in 1727. Lanson is of opinion that we may be *en présence d'un arrangement artistique dont la vérité est symbolique et non historique.* Though *l'arrangement artistique* is not unknown in the works of V., it will be admitted that *les menteurs ne sont certes pas intellectuellement des raffinés,* and V.'s intelligence made him, as a polemic and historian, very careful for truth and accuracy. In a letter written in 1775, he said: *Je ne suis qu'un peintre qui cherche à représenter d'un pinceau vrai les hommes tels qu'ils ont été. Je les traiterai...avec le respect qu'on doit à la vérité qui ne mourra jamais.*

52-4. Pierre Bayle, 1647–1706, author of a 'Dictionnaire historique et critique', and the chief authority at this time, gives 320 as the date of the birth of Arianism. Eleven centuries of forgetfulness would have been more correct but, when it is a matter of forgetfulness, a century more or less does not matter.

55. Bayle, writing of Socinianism, remarks: *Les mystères spéculatifs de la religion n'incommodent plus le peuple; rassasier* =*donner assez, apaiser la faim,* 'satiate, surfeit, cloy',—*on rassasie qqn. de bonne chère, sa curiosité, ses yeux*; cf. *ressasser,* ⟨*le sas,* 'sieve', 'to sift again, scrutinise, examine again, keep on repeating',—*on ressasse un ouvrage, un compte; un ressasseur,* 'bore, teller of twice-told tales, dealer in "chestnuts"'.

56. The Socinians were excluded from the benefits of the Toleration Act, 1689.

59. **tiède**, ⟨Lat. tepidus, 'lukewarm', adj. and noun,—*Je hais les tièdes* (V.). Thomas Secker wrote in 1738: "Christianity is now railed at and ridiculed with very little reserve and the teachers without any at all". Archbishop of Canterbury in 1758, he lived to deprecate the progress of Methodism, and died in 1768.

61. **plaisant**, 'whimsical' (L.); seldom ='pleasant', *agréable; =gai, curieux, bizarre,—un récit plaisant (divertissant), un plaisant personnage (ridicule)*.

61–2. **Martin Luther**, 1483–1546, the German reformer, **John Calvin**, 1509–64, and **Ulrich Zwingle**, 1484–1531, the Swiss reformers. Admirers of these reformers may find comfort in remembering that V. envisaged Dante also as finding few readers—*Sa réputation s'affermira toujours parce qu'on ne le lit guère.*

65. **Locke**, Letter XIII.
Leclerc, contemporary Unitarian minister at Amsterdam, who endeavoured to familiarise the Dutch with the writings of Locke and the English Deists.

66. **les meilleures plumes**, example of *métonymie*, 'metonymy', a trope in which one word stands for another, which it suggests,—'loyalty to the throne'='loyalty to the king': here 'pen'='writer', but the word cannot always be rendered 'pen' or 'writer':

> *Voyez-vous flotter une plume*
> *Et courir un cheval qui fume,*
> *Et revenir mon bien-aimé?*—Victor Hugo, 'L'Attente'.

69. Cf. Musset, 'On ne saurait penser à tout', Sc. 1: *Rien n'est plus pitoyable que d'arriver mal à propos, eût-on d'ailleurs le plus grand mérite.*

70. **Jean-François-Paul de Gondi, cardinal de Retz**, 1613–79, a conspicuous figure in French life in the middle period of the 17th century. He was a prime mover in the rising known as *La Fronde* (notes, VIII, 94, 107). V. here maintains that the circumstances make the hero and not the hero the circumstances. It has been said of the cardinal that, given the appropriate circumstances, his *émeute* would have become a revolution.

ameuter; from *la meute*, ⟨Lat. moveo, motus, mota, 'the pack' of hounds; =assembler des chiens pour la chasse*, and hence, fig. =*soulever, attrouper*, 'incite to rebellion'.

HUITIÈME LETTRE

V. now turns to the government of England. Though the Letter is entitled *Sur le Parlement*, little is said of the work of Parliament and much of religious and civil wars.

6. **M. Shipping** was in fact Mr Wm Shippen, a Tory Jacobite and opponent of Walpole, 'calm, intrepid, shrewd and sarcastic'. The spelling of proper names was not yet uniform. V. writes of Mr Faulknear, Mr Loke, and Dr Suift. He has two ways of spelling the name of his friend Thieriot, and four of spelling Bolingbroke.

15. The corruption which was a feature of parliamentary life during the prime-ministership of Walpole was a never-failing topic with 'The Craftsman', Bolingbroke's organ which V. read during his stay in England and after his return to France.

16. **la voix**, see note, VII, 46.

20–1. The idea finds a place in the 'Commentaire philo-sophique' of Bayle (VII, 52), a work which V. admired, but V. in expressing it adds to its force and offensiveness.

23. The 'flamen' or priest attached to the service of a divinity was however subject to various rules, even the cut of his hair and beard being a matter of regulation.

26. **un augure**, 'augur, soothsayer; augury, omen',—*de bon augure*, 'of a good omen'; *les augures prennent les auspices*, 'augurs take the auspices'. The augury referred to was that de-rived from the way chickens took their food; if greedily, the auspices were considered favourable. Unless the chicken has changed its nature, favourable auspices must have been the rule.

27–8. 'have hanged one another by sentence of their courts'.

28. **en bataille rangée**, 'in pitched battle'; *rangé*, more usually = *sage*, *bien réglé*, 'arranged, orderly, sedate',—*mener une vie rangée*.

32, 33. **à leurs dépens**, 'at their own expense',—*faire la guerre à ses dépens*, 'to play a losing game'.

33. **dorénavant**, ⟨O.F. *d'ores en avant* = *de l'heure actuelle en avant*, 'henceforward'; cf. *désormais*, ⟨*des ores mais* = *de cette heure en plus*, *dès maintenant*, 'from this time on'; *dès lors*, ⟨*l'ores*, 'from that time on'.

34. **un syllogisme**, 'syllogism'; lit. *argument qui comprend trois propositions, la majeure, la mineure, la conclusion, et tel que la conclusion est déduite de la majeure par l'intermédiaire de la mineure; exemple: Tous les hommes sont mortels, Jean est un homme, donc Jean est mortel.*

35–8. Montesquieu, in his 'Lettres Persanes' (1721), describes England as a land *où l'on voit la liberté sortir sans cesse des feux de la discorde.*

40. d'efforts en efforts, 'by a series of struggles' (L.).

42. Fénelon, '*le personnage le plus séduisant et enchanteur du XVIIᵉ siècle*', describes the power of the ideal king in similar terms: *il a une puissance absolue pour faire le bien et les mains liées pour faire le mal*—'Télémaque', v.

47. un arbitre, ⟨Lat. arbiter; *juge qui prononce dans un différend, maître souverain*; 'arbiter, referee, supreme ruler'; *sur-*, 'super-',—as in *suranné, surhomme; sur-arbitre, celui qui juge quand les arbitres sont divisés.* It is noticeable that V. makes no reference to the ministry or cabinet, then, as now, an essential part of the constitution.

50. mitoyen, 'intermediate',—*un parti mitoyen,* 'a middle course'; usually *moyen,* ⟨Lat. medianus ='middle',—*le moyen âge; d'âge moyen,* 'middle-aged'.

51. l'injuste et punissable orgueil, 'criminal pride' (L.); *punissable =qui mérite une punition.*

55. Bossuet, 'Discours sur l'histoire universelle', had made a similar statement. V. is more emphatic and more amusing.

61. 'will never rise to so exalted a pitch of glory, nor will its end be so disastrous' (L.).

67–9. Bolingbroke, in justifying the Peace of Utrecht, spoke of England as the guardian of the whole interest of Europe, often against her own interest. V. adopted this point of view but, later, abandoned it and deleted this sentence.

68. de gaieté de cœur, 'out of levity (L.), wantonly, deliberately'.

70. il en a coûté: 'the establishment of liberty was dearly bought'; this impersonal use of *coûter* is frequent,—*le plus fort et le plus pénible est de donner; que coûte-t-il d'y ajouter un sourire?*—La Bruyère; *rien ne lui coûte,* 'he never spares himself'.

80. An allusion to the risings in Catalonia, 1714, and in Morocco and Turkey, 1728 and onwards.

84. A memory perhaps of Bossuet who beheld England *plus agitée en sa terre et dans ses ports mêmes que l'océan qui l'environne*—'Oraison funèbre de la reine d'Angleterre'. The history of England from 1639 to 1689 was still fresh in men's minds and, in the eyes of the French, we were a volatile and factious people.

92. Charles IX reigned from 1550 to 1574, his brother Henri III from 1574 to 1589. During this period the Guises, *Henri le Balafré, duc de Guise, Charles, duc de Mayenne,* and his sister, the *duchesse de Montpensier,* at the head of the *Ligue,* and fighting ostensibly for Roman Catholicism against the rising tide of Protestantism, endeavoured to make themselves supreme in France.

94. **la dernière guerre de Paris**, known as *La Fronde*, 1648–53, the conflict waged by the *Parlement de Paris* against the Queen Regent, Anne d'Autriche, and her minister, Cardinal Mazarin. For **le cardinal de Retz** see VII, 70, note.

96. **le préfet d'un collège**, *celui qui a la surveillance générale dans un collège*; the modern title is *principal*, while *préfet* is the title of the administrative head of a *département*, and, in Paris, of the head of the police.

102. **un arrêt** =*action d'arrêter, jugement, décision*, 'stop, halt, arrest, sentence, decree'.

103. **casser** =*briser, rompre, annuler, congédier*; 'to break, shatter, dismiss, quash, reverse',—*on casse un verre, un bras, un fonctionnaire, un jugement.*

104. **Jules, cardinal Mazarin**, 1602–61, of Italian birth, he learnt statecraft under Richelieu and was supreme in France during the minority of Louis XIV. He was blamed for avarice and duplicity but to him must be allowed such credit as attaches to the making of the Treaties of Westphalia, 1648, and of the Pyrenees, 1659, by which the boundaries of France were extended to the Rhine and the Pyrenees. Louis XIV showed his respect by assuming the royal authority only after, and immediately after, Mazarin's death.

106. **Charles VI** reigned 1380–1422. In the latter part of his reign he lost his reason, and civil war and anarchy followed, Bourguignons (followers of the Dukes of Burgundy) and Armagnacs (followers of the Duke of Orleans) fighting for supremacy.

107. **la Fronde**, lit. 'sling, child's catapult', hence name given in derision to the *émeute* of 1648–53 (l. 94); adj. *frondeur* = *qui dénigre*, 'carping, censorious'. M. Labroue describes the tone of these Letters as *léger et frondeur*.

109. **le supplice**, ⟨supplicium =*punition corporelle*; here =*le dernier supplice, la peine de mort*, 'execution'.

110. Labroue represents Manchester as saying on the eve of the battle of Naseby, 1645: "If the king beats us, he will hang us all as traitors". This defence of the regicides is one of the many passages contained in these Letters which rendered V. liable to punishment at the hands of the French government.

113. **l'empereur Henri VII** died suddenly near Siena, 1313, poisoned, it was said, at mass by his chaplain, a Dominican friar; **Henri III**, himself the instigator of the murder of *Henri, duc de Guise*, was stabbed by a Dominican friar and died on the following day; **Henri IV**, after many escapes, was assassinated by Ravaillac, *un forcené qui n'avait pas de complices*. (Batiffol.)

118. **un attentat** =*entreprise criminelle*, 'outrage, assault';

verb, *attenter à la vie de qqn.*, 'to make an attempt on the life of someone'; cf. *une tentative, un essai*, 'attempt, endeavour'; verb, *tenter*, 'attempt, tempt',—*on tente l'impossible, résiste à celui qui tente*. In these last paragraphs V.'s remarks recall the maxims of Montesquieu: *Être vrai partout, même sur sa patrie. Tout citoyen est obligé de mourir pour sa patrie; personne n'est obligé de mentir pour elle.*

NEUVIÈME LETTRE

5. **subsister** =*continuer d'être, exister encore*,—*ce vieil édifice subsiste toujours*; often, as here =*exister*.

7. **des Français**; in the Domesday Book, and also in the Bayeux Tapestry, the Normans are called 'Franci'. Besides *Normands*, William's army contained *Bretons, Poitevins et Français proprement dits*—Jusserand, 'Histoire littéraire du peuple anglais', II, 1.

8. **un sceptre de fer**: cf. Racine, 'Athalie', IV, 3:

> *Qu'aux larmes, au travail le peuple est condamné,*
> *Et, d'un sceptre de fer, veut être gouverné.*

For V.'s frequent and effective use of metaphor and simile, see, for example, 33, 84, infra; VIII, 55; XIII, 69, 70; XXI, 61, 72.

13. **prévenir** =*devancer (un ennemi)*, 'get the start of'; =*détourner (un mauvais coup)*, 'to ward off'; =*avertir (qqn. d'un danger)*, 'to warn'; =*empêcher*, 'to prevent'—by anticipating,—*Il vaut mieux s'appliquer à prévenir les fautes qu'à les punir*—Rollin.

19. **le pillard**, 'plunderer, robber'; the ancient suffix *-ard* found originally in names, as *Bernard* and *Richard*, is still vigorous and productive, nouns being formed with its aid from other nouns, adjectives and verbs—*le campagnard, le vieillard, le fuyard*; it is gaining a pejorative force—*le communard, gueusard*—so much in fact that the *Niçards*, 'inhabitants of Nice', prefer the name *Nicien* or *Niçois*. *Piller*, 'to pillage', orig. 'to pill',—

> "The commons hath he pill'd with grievous taxes,
> And quite lost their hearts"—'Richard II', II, 1, 247.

22. **fondre**, ⟨fundere (to pour) =*dissoudre*, 'to melt, smelt'; lit. and fig.,—*on fait fondre la glace, un métal; un bel élan fond tous les cœurs*; 'to blend, combine',—*on fond deux systèmes*; intr. 'to melt, dissolve',—*le beurre fond, on fond en larmes*; here 'fall, swoop down (upon)',—*on fond sur l'ennemi; une fonderie*, 'foundry'. Distinguish from *fonder*, ⟨fundare, 'to found, establish', and *fendre*, ⟨findere, 'to split'.

35–6. 'join the party, join in the game'; see note, V, 28.

37. **Germains** =*Allemands*, the names coming from the Teutonic tribes, Germani and Alemanni.

42. Following modern usage, *on condamne à mort*, but *à l'exil, aux travaux forcés.*

44. **goth et vandale** =*teutonique; goth* or *gothique* =*très ancien, arriéré,—des manières gothiques; vandale, qui détruit ce qui demande le respect*; these adj. are often coupled as here, usually in derision.

48. **imbécile**, V. uses this opprobrious epithet to express his disapproval of the tax. L. politely renders it 'weak'. Ina is held to have been one of the best of the kings of Wessex, and the onus of having originated the tax is now laid upon Offa.

50. **le denier**, ⟨denarius, 'penny'; the name of an obsolete copper coin, used in this phrase and in another equally well known, *le denier de la veuve*, 'the widow's mite'.

55–61. John Lackland surrendered the kingdom to the pope in 1213 and received it back as a fief. Louis, son of Philippe Auguste, landed in England in 1216 but on the death of John a few months later, many of his supporters deserted him, his army was defeated at Lincoln, and he returned to France, 1217.

64–8. This eulogy of *le peuple* recalls Alexis Bouvier's poem, 'La Canaille':

> *Ce n'est pas le pilier du bagne:*
> *C'est l'honnête homme dont la main*
> *Par la plume ou le marteau gagne,*
> *En suant, son morceau de pain.*

67. **le négociant**, replacing *le marchand* of former days =*le commerçant en gros*, 'wholesale dealer, merchant',—*négociant de vins; le négoce* =*le commerce*, 'trade, business',—*faire négoce de draps; négociateur* =*qui négocie une affaire importante.*

70. **les communes**, 'the commons, masses'; *la commune* in France, nowadays, is the smallest territorial division and is presided over by a *maire.*

71. **des vilains**, 'villeins, serfs' (attached to a *ville* or manor); in mod. use, generally adj. =*laid, mauvais, méchant,—un vilain temps, rhume, métier, caractère.*

78. **recueillir**, see note, IV, 56.

80. **éteindre**, ⟨extinguere =*souffler, faire cesser de brûler, étouffer, calmer, annuler,—il faut éteindre le feu, la soif, la colère, une dette*; here 'suppressed'; *s'éteindre* (123), 'to go out, become extinct'.

84. **le fer**, 'iron'; *fer (à cheval)*, 'horse-shoe'; *fer (à repasser)*, 'flat-iron'; *les fers* =*les chaînes*, 'fetters, bonds',—*L'homme est né libre et partout il est dans les fers*—J.-J. Rousseau, 'Le Contrat Social', I.

91. **prétendre**, see note, IV, 96; Bolingbroke expressed a similar opinion: "The improvement in the condition of the people was the accidental effect of the contests between the kings, the barons and the clergy"—'Remarks on the History of England'.

107, 110. V. here refers to article 21, and his article 21 (l. 110) should be 38.

111. **dorénavant**, note, VIII, 33.

113. **ôter** =*retirer*, *enlever*, *soustraire*,—*on ôte ses bas*, *la nappe; on ôte trois de cinq*, 'to take off, take away, subtract'; here =*faire cesser*, 'to put an end to'.

115. Here we leap in silence over a period of some length; in l. 103, the House of Commons does not exist; in l. 122, it is already powerful. We learn nothing of the creation and development of the House of Commons and no tribute is paid to Simon de Montfort or Edward I. **heureux et grand politique**, "a politic prince he was, if ever there were any".—Roger Acherley, 'The Britannic Constitution', 1727; *heureux*, c.-à-d. *qui a de l'heur, de la bonne chance*, 'lucky, fortunate',—*Quand on dit un heureux scélérat, on n'entend par ce mot que ses succès*—V., 'Dictionnaire philosophique'.

117. "By opening a way to the lords to alienate their lands, the King's measures opened a way to the Commons to increase their property and consequently their power"—Bolingbroke.

119. **le bien** here =*richesse, propriété*, 'wealth, estate, goods'; in general, 'good, goodness, virtue, blessing',—*J'ai fait un peu de bien, c'est mon meilleur ouvrage*—V., at the height of his fame. Similarly, Sir Humphry Davy: "My best discovery was Michael Faraday". *Un homme de bien*, 'a good man'; *le bien commun*, 'the general welfare'; *le suprême bien*, 'the highest good'.

120. **le pair**, note, V, 49.

130. **redoutable**, *qui est à craindre, à redouter* (*douter*, orig. =*craindre*); *formidable* is a later (17th century) word, more literary and more emphatic,—*On hâte en gémissant ces moments formidables (d'une exécution à mort)*—V., 'Tancred', III, 3.

133. The Duke of Dorset at this time was Lionel Sackville, created duke, 1720, Lord-Lieutenant of Ireland, 1730. In XXI, 134, reference is made to his father, the sixth Earl of Dorset.

134. **le pouce**, ⟨pollex, 'thumb'; as measure, 'inch' (⟨uncia, F. *once*, E. ounce),—*donnez-lui un pouce, il en prend long comme le bras*.

138. **la haute justice** implied power to pass sentence of death, **la moyenne** was concerned with guardianships, **la basse**, with fees due to the lord and the havoc of beasts (L.).

143. Other writers draw attention to the taxation of nobles

in England, contrasting it with the exemption of the French nobles: *Les domaines et les terres des nobles paient les tailles et les impôts comme celles des moindres laboureurs*—Beeverell, 'Les délices de l'Angleterre'.

144. The Commons' control of taxation was commented on with approval in newspapers of the time: "Our ancestors somehow or other resolved always to be present at the shaving of their own beards"—'The Weekly Journal', Aug. 5, 1727.

153. **selon son revenu**, 'according to his income' (from land); *l'impôt sur le revenu*, 'income tax', originated some seventy years later when William Pitt taxed all incomes of upwards of £200. The main sources of revenue, when V. wrote, were customs, excise duties, and the land tax.

158. **foulé**, 'tyrannised over' (L.); *fouler*, ⟨fullare =presser fortement,—fouler le drap*, 'to full' or 'mill' (cf. the noun, *le foulon*, 'fuller'); =*piétiner,—on foule l'herbe*, 'one tramples on the grass'; =*opprimer*, 'oppress'; =*distendre,—on se foule le poignet*, 'one sprains one's wrist'.

159–66. Muralt ('Lettres sur les Anglais', 1725) writes: *Je les vois* [les paysans anglais] *tous à cheval en juste-au-corps de drap, et en culottes de peluche, bottés et éperonnés, et toujours au galop*. Misson ('Mémoires faites en Angleterre', 1698) also corroborates V.: *Nous trouvons en arrivant ici que chaque Anglais est roi chez soi et tranquille possesseur de son bien*. Note, XIV, 1.

DIXIÈME LETTRE

The benefits of trade, the importance of the merchant, the value of the Navy, were favourite subjects with English moralists and publicists at this time. A writer in the 'London Journal', Aug. 27, 1726, for example, declares: "The Navy of England is the proper strength and glory of England....This nation owes all its wealth to its foreign trade and commerce".

4. **rendre** =*faire devenir,—on les rend libres*, 'one makes them free'; *on rend le désert fertile, ses élèves heureux; =remettre,—on rend les thèmes*, 'give back'; =*payer de retour,—on rend le bien*, 'pay back, return'; =*traduire,—on rend le passage mot à mot*, 'translate'; *se rendre =aller, céder,—on se rend à l'école; on se rend sans coup férir*, 'betake oneself, go, surrender'.

7. **par qui**, 'by whom': modern usage requires *par lesquelles*, 'by which'; *de soi-même* (10) =*d'elle-même*.

8. 'The Daily Journal', April 8, 1728, published a list of the Royal Navy which included 176 warships and upwards of 50 "Fireships, Bombvessels, Sloops, Hoys and Hulks".

11. **la terre à foulon**, a mineral employed in fulling cloth and formerly considered so valuable that its exportation was

prohibited. Two of the largest deposits of it are in the neighbourhood of Reigate and at Bath. The wealth of England in coal and iron was not then fully realised, but V., following the example of Addison, appears to minimise our natural resources in order to make the riches acquired by commerce appear more impressive. Chamberlayne, 'Present State of England' (Fr. trans. 1669), writes of very fine wool, fuller's earth, much tin, lead, and iron.

13. This story belongs not to 1723 but to 1726. The mistake in the date is the more curious as V. may himself have witnessed the departure of the three fleets in June, 1726. The newspapers during the rest of the year gave news of the three fleets, Jennings' off Gibraltar, Hosier's off Porto Bello, and Wager's in the Baltic.

19–29. V.'s authority was probably 'The History of the Reign of Queen Anne digested into Annals (4th year, 1706)'. In Jan. 1706, the Imperial government obtained permission to raise a loan of £250,000. The Mercers Company were the managers of the loan and the amount was raised in six days. Later, Harley wrote to the Lord Mayor to acquaint him with Prince Eugene's victories so that those who contributed to the loan "might see how gloriously their money had been employed". The subscribers were not only merchants; they included Prince George of Denmark, the Duke of Marlborough and, it was noted, "two women of the meaner sort", who each contributed £100.

33. **Charles, second Viscount Townshend,** 1674–1738, was a Whig leader in the reigns of Anne and George I. He was in office at the date of this Letter, but was ousted in 1730 by his brother-in-law, Sir Robert Walpole, and retired to his native Raynham in Norfolk, where he employed his leisure to the general advantage in improving the rotation of crops and in making the turnip known to agriculturists. His brother, Horatio, was one of the governors of the Bank of England.

36. **son cadet,** Nathaniel Harley, younger brother of Lord Oxford. Their father was Sir Edward Harley, 1624–1700, a distinguished Parliamentarian officer in the Civil War and M.P. in the reigns of Charles II and William III.

facteur, 'factor'; in French, as in English, the word is no longer used in its primitive sense, *celui qui fait,* but is still used for 'maker of musical instruments',—*facteur de pianos,* and in the sense, as here, of *agent, celui qui est chargé d'un négoce;* usually 'postman, porter',—*facteur de ville, facteur rural, facteur de chemin de fer.*

37. **Alep,** Aleppo (Ital. form of Haleb), Northern Syria; now *ville de la Syrie de mandat français* and still an important centre of trade between Europe and Asia.

39. se passer =*cesser d'être en vogue*, 'to be laid aside, fall into disuse',—*cette mode se passe;* =*avoir lieu*, 'happen',—*il s'est passé qqch. d'étrange;* =*s'abstenir, se priver de qqch.*, 'to do without',—*on se passe difficilement de tabac.*

40. leurs quartiers =*leurs armoiries*, lit. quarters of a shield, and hence 'escutcheon, extraction'; *le quartier*, noun derived from *quart* (which was orig. adj. =*quatrième*), in some connections 'quarter',—*les quartiers de la lune, de l'année*; in others, by catachresis, 'part, piece',—*un quartier de rocher, de pain*; 'part of a town, district',—*tous les quartiers de la ville*; military 'quarters',—*quartiers de cantonnement, quartier général*; 'to give quarter',—*donner quartier* ("fair war, where souldiers are taken prisoners and ransomed at a certaine rate"—Cotgrave, 'Fr.-Eng. Dict.' 1611). Cf. *le quart*, 'quarter', *de livre, de mille, d'heure*,—*le quart d'heure de Rabelais* (v, 100), 'reckoning time', *où il faut payer son écot.*

45. est marquis qui veut, 'anyone who wants can be a marquis'.

47. un nom en ac ou en ille: orig. place-names (Lat. -acum, -ulla, -illa), chiefly in the south; examples are: *Baylac, Miginiac, Cabanac, Roumanille, Mabille, Fontanille.*

Muralt (note, IX, 159) declared that one never heard an Englishman exclaim: *Un homme de ma qualité! une personne de mon rang!*

48. mépriser, ⟨*mes* (=mal) *priser* =*dédaigner, faire fi de, ne pas redouter*, 'despise, scorn, think nothing of',—*On méprise bien des choses pour ne pas se mépriser soi-même*—Vauvenargues; noun, *le mépris*, = *la familiarité engendre le mépris.* Cf. *se méprendre, la méprise.* Note, I, 112.

51–8. The merchant was frequently held up as an object of admiration in the periodical literature of the time: "The Merchant is the great benefactor....His presence is a blessing wherever he comes"—'British Journal', July, 1728. Note, XXIV, 144.

57. Surate, Surat on the Tapti, 160 miles N. of Bombay. It was one of the greatest commercial centres of India until Bombay began to take its place towards the end of the 17th century.

le Caire, note, I, 67.

ONZIÈME LETTRE

V. had himself suffered from smallpox in Oct. 1723 and, in a letter written at the time, gives details of the treatment of his case: *Le médecin me fit prendre huit fois de l'émétique et, au lieu de cordiaux qu'on donne ordinairement dans cette maladie, il me fit boire deux cents pintes de limonade.* Among the four devoted friends who nursed V. was Thieriot to whom these *Lettres anglaises* are addressed. In England, it was Lady Mary Wortley Montagu who first drew attention to inoculation. She wrote from Adrianople in 1717: "The smallpox...is here entirely harmless by the invention of ingrafting....There is no example of any one that has died in it....I intend to try it on my dear little son...". In the face of the bitter opposition of the doctors and clergy, the efficacy of the practice was established but, though it proved a safeguard for some of the inoculated, the disease itself continued to spread among the uninoculated, until checked by the introduction of vaccination. In France also inoculation was discussed between 1717 and 1725 but finally condemned as *extravagant et impie.* V.'s authorities are La Mottraye, 'Voyages', 1727, and English advocates of the practice.

9. **prévenir**, notes, I, 113, IX, 13.

11. **dénaturer** =*changer la nature*, 'misrepresent, distort',— *Le fait fut légèrement dénaturé, car on représenta cette dame comme une héroïne française*—Marbot, à Ratisbonne; =*rendre dur, dépravé*, 'deprave, corrupt', most frequently past part. used as adj., 'unnatural, callous'.

15. **l'insertion**, lit. 'a joining in', ⟨inserere; 'inoculation', orig.a gardening term,'a budding, grafting', ⟨oculus, 'eye, bud'.

17. **Circassie**, 'Circassia', the territory on both sides of the western Caucasus. V. here follows La Mottraye, who included *Circassie* in his travels.

25. **le bouton**, ⟨O.F. bouter, 'to butt, thrust', orig. 'bud',— *le bouton à fleur* =*le bourgeon*; 'button, stud',—*bouton de chemise*; here =*pustule*, 'pimple'; 'knob',—*bouton de porte, de tiroir*; 'bell-push',—*bouton de sonnerie*; 'buttercup, bachelor's button',—*bouton d'or, de bachelier*.

30. **une mauvaise année**, c.-à-d. *année où les récoltes sont mauvaises*, 'year of bad harvests'.

34. **l'intérêt**, 'interest' in the financial and general sense,— *Tout manque, si l'intérêt manque*—V.; but often, as here, *égoïsme*, 'self-interest, selfishness'. Note, XII, 162.

37. **le Grand Seigneur**, c.-à-d. *le Sultan de Turquie.*

38. Ismaïl Sophi was the founder of the dynasty which reigned in Persia in the 16th, 17th and 18th centuries.

49. **frustrer**, ⟨frustrari, frustra, 'in vain'; 'to frustrate, disappoint',—*frustrer notre attente; frustrer de qqch.*, 'deprive of, defraud of',—*Vous ne l'avez pas frustré de la demande de ses lèvres*—Psaume xxi, 2.

51. **relever**, trans., =*redresser, faire ressortir*, 'to raise up, revive, point out',—*relever la tête, le courage, les fautes, les beautés*; intrans., = *se remettre de maladie*, 'recover'; *se relever,*

'rise, rise again',—*Il est plus glorieux de se relever ainsi, que de n'être jamais tombé*—Fénelon.

56. **le sérail**, ⟨Turk. serai, 'residence, palace',—*Il faudrait avoir une raison bien épurée pour regarder comme un autre homme le Grand Seigneur, environné dans son superbe sérail de quarante mille janissaires*—Pascal, 'Pensées', III.

57. **être toujours fort alerte sur ses intérêts** =*veiller toujours de près à ses intérêts.*

62. **essuyer**, note, VI, 18.

67. **bénin**, 'kind, gracious', *pour (ou envers) qqn.*; 'mild',— *un remède bénin, un hiver bénin*; here 'slight',—*maladie bénigne* = *maladie légère*, cont. *maladie grave.*

72. **être quitte de qqch.**, 'free, immune from'; *être quitte envers qqn.*, 'to be quits with someone'; *quitte pour qqch.*,—*j'en ai été quitte pour la peur*, 'I got off with a fright'.

75. **de bonne heure**, orig. 'at the right or suitable moment', —*à l'heure qui convient*, and hence, 'early'.

79. **l'expérience**, 'experience',—*l'expérience nous rend sages*; 'experiment',—*faire des expériences de physique.*

80. **sensé** =*raisonnable, judicieux*, 'sensible'; cf. *sensible*, 'sensitive, quick', *qui ressent vivement,—une oreille, le côté sensible*. According to Dr Johnson, Eng. 'sensible' had the meaning 'intelligent' only in low conversation.

81. **bacha** (like 'bashaw'), a form now obsolete of *pacha*, ⟨Turk. bash, 'head'.

83. **sevrer**, a doublet of *séparer*, 'to wean'; also used fig.,— *on ne se sèvre pas des plaisirs innocents*; Eng. 'weaning' implies not 'separating' but 'accustoming' (Ger. gewöhnen) to a new mode of life.

86. **éclaircir**, note, IV, 35.

un savant bénédictin, 'learned Benedictine'; cf. *érudition bénédictine, travailler comme un bénédictin*. French monks of the Benedictine order, and especially the community of Saint-Maur, in Paris, have enjoyed a reputation for exact and profound scholarship from the 17th century to the present day. *Savant (savoir* ⟨sapere), obsolete pres. part., now adj. and noun, 'learned; learned man, scholar, pundit',—*Les savants, qu'on appelle aussi érudits, ont joui autrefois d'une grande considération*— Duclos.

90. **Lady Mary Wortley Montagu**, 1689–1762, was the daughter of the Earl (later, Duke) of Kingston, and wife of Mr Edward Wortley Montagu. She spent the years 1716–8 in Constantinople, where her husband was ambassador, and it was at this time that she became interested in inoculation for smallpox. The last twenty years of her life were spent in Italy and France, and apart from her husband. She was famous in her day for her

youthful beauty and for her wit, of which few examples have
survived and those acid. She was a prolific letter-writer, who
varied her style according to her correspondent. Her 'Letters',
published in 1763, may still be read, but with difficulty. Her
contemporary, Tobias Smollett, "defied the most phlegmatic
man to read one of her letters without going through with them".
To-day, phlegmatic (and other) men would accept the challenge.

94. **un enfant**: this was her son, at that time aged five. Lady
Mary writes, March, 1718: "The boy was engrafted last Tues-
day and is at this time singing and playing and very impatient
for his supper". Her daughter, Mary, who was born in Turkey,
was inoculated in England, after the parents' return. It will be
noticed that inoculation consisted in giving the patient a slight
attack of smallpox in the hope of rendering him immune from
a severe attack. It was a more dangerous operation than
vaccination and less often successful.

95. **il eut beau lui dire** =*il lui dit en vain*, 'the Chaplain
represented to her, but to no purpose' (L.). Cf. the Eng.
locution, 'it is all very fine for you to say...'.

99. Caroline of Anspach, Princess of Wales up to 1727,
when her husband succeeded to the throne as George II.
Through the kind offices of Lady Bolingbroke, Voltaire had become known to the Princess and to her was dedicated the epic
poem, 'La Henriade de Mr de Voltaire, [publiée] à Londres,
1728'.

105–7. The incident is reported in the newspapers in May,
1727. Her Royal Highness "was no sooner acquainted with the
distress in which the aged Mrs Clarke, daughter to the immortal Milton, was living, but she immediately reached out her
princely hand with a charity of fifty guineas". Voltaire, at a
later date, did not allow himself to be outdone by the Princess:
*Une jeune fille pauvre, du sang de Corneille, fut recommandée à son
cœur; "C'est, dit-il, le devoir d'un vieux soldat de servir la fille de
son général". Il appela à Ferney mademoiselle Corneille, lui fit
donner une éducation chrétienne, la dota avec le produit des Com-
mentaires sur Corneille et la maria à un gentilhomme des environs,
disant qu'il voulait marier deux noblesses*—Arsène Houssaye.

109–16. Details are given in Mr Maitland's 'Account of
Inoculating the Small Pox', 1722. The experiment was made at
Newgate in August, 1721.

113. **la potence**, cognate with *puissance*; orig. =*bâton*, 'staff,
support'; later =*béquille*, 'crutch', and hence from resemblance
in shape, 'gallows'. The history of 'gallows' and 'gibbet' is
similar; orig. both ='pole, staff'; 'gallows', Teut., formerly
used of cross of Christ; 'gibbet', *le gibet*, O.F. *gibe* =*bâton ferré,
serpe*. In Eng., gallows has passed into popular speech in the

expression 'gallows-bird'. In Fr., *le gibet* claims two proverbs: *Le gibet ne perd pas ses droits; Le gibet n'est fait que pour les malheureux* (the rich and powerful escape).

124. 'wear the disagreeable remains of it in their faces' (L.). *le reste, les restes,* 'remainder, rest, remains',—*d'une fortune, d'un naufrage.* Cf. *le repos,* 'rest, repose', =*délassement, tranquillité,* —*dormir en repos sur qqch.* It would appear, from the silence of his enemies on the point, that V. himself was not marked by smallpox.

134. **le duc de Villequier** died in 1723, *le prince de Soubise,* in 1724, *Louis, le dauphin, fils de Louis XIV et de Marie-Thérèse,* in 1711. The story of the death of the last-named forms one of the most striking passages in the 'Mémoires' of Saint-Simon. Louis XV himself fell a victim to smallpox in 1774.

136. **être dans la fleur de l'âge,** 'in the prime of life'; *dans* has replaced *à* in this locution. Cf. *à fleur de,* 'on a level with',—*à fleur de terre,* 'level with the ground'; *des yeux à fleur de tête,* 'goggle-eyes'.

140. The figure seems incorrect. It is computed that not more than 20,000 persons died in Paris from all causes in a single year during this period.

148. **par fantaisie,** 'out of mere whim' (L.); **par inconstance,** 'through fickleness' (L.); *par,* 'out of, by, through', occurs in many adverbial expressions: *par bonheur, par curiosité, par hasard, par faveur, par manque de courage.* Note, v, 8.

149. **être dans cet usage** =*faire usage de l'inoculation, s'y donner,* 'to practise inoculation'; *usage* is found in many locutions, —*usage d'un mot,* 'use'; *avoir de l'usage, manquer d'usage,* 'to have good, bad, manners' (to be accustomed to good society); *c'est l'usage,* 'the custom'; *mettre en usage,* 'make use of'; *hors d'usage,* 'beyond repair'; *usage rend maître,* 'practice makes perfect'. Note, I, 57.

150. **un grand préjugé,** 'a circumstance that argues very much in its favour' (L.). *un préjugé,* 'prejudice',—*Un préjugé n'étant autre chose qu'un jugement porté ou admis sans examen peut être une vérité ou une erreur*—Duclos. *Dès ce moment* [as a result of his stay in England] *V. se sentit appelé à détruire les préjugés de toute espèce dont son pays était esclave*—Condorcet.

le *préjudice* =*le tort, le dommage,* 'detriment, injury',—*les vertus mêmes peuvent tourner à préjudice.*

151. **policé,** 'refined, civilised'; *policer* =*adoucir les mœurs en civilisant.*

154. **le tabac en poudre** (or *à priser*), 'snuff'.

158. Note the noun **le millier,** 'thousand'; the other nouns of number are formed with suffix *-aine* and are fem. in gender, *la douzaine, la quarantaine,* etc.

DOUZIÈME LETTRE

V. now proceeds to discuss celebrated Englishmen and gives his reasons for beginning with the philosophers. Bacon had been translated into French early in the 17th century and it is a Frenchman of modern times, Charles de Rémusat, who has described him and Aristotle as masters of those who know, without equals up to their time among men. He falls into his right place here as the precursor of Newton, 'the Moses who surveyed the promised land for the Joshua who entered into possession of it'.

3. **agiter**, note, v, 26.

4. **question usée**, 'trite, hackneyed'; also 'worn out',—*les habits usés* or *hors d'usage*. Note, I, 57.

5. **Tamurlane** (Timur the Lame), the hero of Marlowe's 'Tamburlaine', the great Mongol conqueror, 1336–1405. Setting out from western Turkestan, he subdued Persia and the Caucasian states, vanquished the Tartars, defeated the Turks under Bajazet, and died when marching to invade China. His name is still dear to poets:

"Alaric, Tamurlane, Attila and Zingis Khan,
 Once names of terror and furious bombast, foremost men".
                Bridges, 'Testament of Beauty', II, 607–8.

7. **M. Newton**, see 14th and following Letters.

10. **éclairer**, fig. =*instruire,—éclairer les hommes—l'avenir*, 'to enlighten'; lit. =*illuminer*, 'to light up, light',—*éclairer la rue*; intrans., =*étinceler*, 'to sparkle',—*les yeux du chat éclairent; =jeter des éclairs*, 'to lighten',—*Dieu a-t-il tonné et éclairé?*— Bossuet.

12. **le politique**, 'politician'; *la politique*, 'politics, policy'.

19. Here and elsewhere V. is at pains to remind his readers that the Letters purported to be private letters to his friend Thieriot; *puis donc que*, modern usage requires *puisque donc*.

21. **les Bacon**, 'such men as Bacon'; the sing. is in accordance with the usage by which proper names are invariable, *les deux Goncourt,—Mon Dieu, vous êtes tous des Nelson*— Villeneuve.

22. **leur tour** does not come. V.'s survey includes only scientists, philosophers and men of letters.

23. Francis Bacon made his surname so famous that his titles, Lord Verulam and Viscount St Alban(s), have failed, in England and in France, to obscure it. In France he is still referred to as *François Bacon* and *Bacon de Verulam*. V. finds him in various ways congenial. Bacon was magnificently abusive of the deductive philosophers, Greeks and schoolmen (note, XII, 71). He was a pioneer: "I shall content myself to awake better

spirits ", he said, "like a bellringer which is first up to call others to church." And he was given to jesting: "His speech was nobly censorious when he could spare and pass by a jest"—B. Jonson.

28. 'which alone were enough to engross his whole time' (L.).

33. V. has in mind, it may be, Bacon's own words as contained in his will: "For my name and memory, I leave it to men's charitable speeches and to foreign nations and the next ages ".

37. **Antoine Coiffier, le marquis d'Effiat**, conducted the negotiations for the marriage of Henrietta Maria, daughter of Henri IV, with the Prince of Wales, afterwards Charles I. This was in 1624, two years before Bacon's death. Later he became *Surintendant des finances* and finally *maréchal*.

46. **corrompre** =*gagner, suborner*, 'to bribe, suborn',— *corrompre un témoin; =pervertir*, 'to corrupt',—*Les mauvaises compagnies corrompent les bonnes mœurs*—I Corinthians xv, 33; lit. =*gâter, vicier*, 'to taint, putrefy',—*la chaleur corrompt la viande*.

47. **une amende**, 'fine, money penalty'; *faire amende honorable*, 'to make public apology'; 'to fine a person',—*frapper qqn. d'une amende, condamner qqn. à une amende; amender* has rather the meaning 'amend, improve',—*amender une loi, le sol; mal vit qui ne s'amende*.

48. **quatre cent mille livres**; the fine inflicted was of £40,000, equal to a million francs at the time when V. wrote. He was disabled from sitting in Parliament but was not deprived of his peerage. The sentence was very soon revoked with the exception of the exclusion from Parliament.

53. **un mot que j'ai ouï dire à milord Bolingbroke**, 'words which I heard Lord Bolingbroke use'. The construction is very different from the English usage: but one can say *j'ai entendu qqn. le dire* and *j'ai entendu dire par qqn. que....* Cf. other idiomatic uses of the dative: *je ne lui savais pas tant d'aplomb, je lui trouve bonne mine*, and the so-called ethic dative: *la mule vous lui détacha un coup de pied*.

58–60. Cf. Dr Johnson's remark concerning Oliver Goldsmith: "Let his faults be forgotten, he was a very great man".

71. **mépriser**, x, 48; **de bonne heure**, xi, 76.

71–9. Cf. Bacon, 'Of the Advancement of Learning', IV, 5, 6: "The second distemper of learning, the study of vain matter, did chiefly reign amongst the schoolmen... whose wit brought forth cobwebs of learning, of no substance or profit.... When the people see such digladiation about subtleties, they easily fall upon that judgement of Dionysius of Syracusa, Verba ista sunt senum otiosorum ".

75–6. **les quiddités...les formes substantielles**, terms

of scholastic philosophy; *la quiddité*, 'quiddity', the answer to the question 'quid est?' 'what is it?', the distinctive peculiarity of a thing; *la forme substantielle*, 'essential (or substantial) form', the essence or internal constitution, which makes a thing to be what it is.

l'horreur du vide, note, xv, 82. Cf. G. B. Shaw: "Never forget that the old law of the natural philosophers, that Nature abhors a vacuum, is true of the human head"—'The Intelligent Woman's Guide to Socialism and Capitalism'.

76. **impertinent**, 'foolish, trivial', orig. 'irrelevant'; but the word has been used in sense of 'impudent' both in Eng. and Fr. since the 17th century. Cf. Molière, 'Le Bourgeois Gentilhomme': *Je vous trouve tous trois bien impertinents de parler devant moi avec cette arrogance.*

85. **les lunettes**, orig. small round mirrors (*petites lunes*), 'spectacles'; *besicles que nous appelons autrement lunettes*— Pasquier (16th century). The orig. form was *béricle = béryl*, 'transparent emerald, crystal'. From this root comes *briller*, 'to shine', and its derivatives, and Ger. *die Brille*, 'spectacles'. Chaucer uses 'spectacle' of a single glass:

"Poverte a spectacle is, as thynketh me,
Thrugh which he may his verray freendes see".

98. **les îles Caraïbes** = *les petites Antilles*, 'the lesser Antilles'.

104. **soutenir une thèse**, 'to maintain a thesis' (to advance and maintain a proposition); *soutenir = supporter*, 'to support, bear, maintain',—*on soutient un malade, une dépense, sa réputation, une opinion,—Entre silencieusement le vice appuyé sur le bras du crime, M. de Talleyrand marchant soutenu par M. Fouché*— Chateaubriand, 'Mémoires d'Outre-tombe'; =*résister à*, 'to stand, withstand',—*on soutient un choc, une attaque;* =*affirmer*, 'to maintain',—*Tu m'oses soutenir que Sosie est ton nom?*— Molière, 'Amphitryon'.

105. **les catégories**, 'categories or predicaments', enumeration of all things capable of being named; **l'universel**, 'the universal', the element of things which remains when all differences are abstracted.

106. **a parte rei**, 'in reality', independently of the mind.

112. **sain**, here 'sound' in the sense of 'true, orthodox'; cf. *la saine doctrine*; usually 'healthy, wholesome', *la nourriture saine*; noun, *la santé*, 'health',—*rien ne vaut la santé*.

113. **fondre**, note, ix, 22.

114. **la navette**, 'the (weaver's) shuttle', *faire la navette*, 'to go backwards and forwards'; dim. of *la nef*, ⟨navis, 'ship, nave of church'; used orig. of incense 'boat', and receptacles for

salt, etc., shaped like boats; 'shuttle' implies the 'shooting' of the thread of the woof from one edge to the other.

115. **la boussole**, 'mariner's compass'; It. bussola, 'box', *la boîte*, Ger. die Büchse; 'boxing the compass', i.e. trying all points in the compass-box.

123. This was a belief of Anaxagoras (XIII, 17) as reported by Bayle in his 'Dictionnaire'.

127. **une épreuve**, note, III, 110.

130. **machines pneumatiques**, note, XVI, 17.

132. **la pesanteur**, *le poids*, 'the weight'; *la pesanteur*, 'force of gravity, weightiness'; fig. *le poids des ans, la pesanteur d'esprit*; verb, *peser*, ⟨pendere, cognate with *penser, panser, pondérer*.

il y touchait, 'he nearly attained it'; cf. *on touche au but*, 'one gains one's end'.

133. **Evangelista Torricelli**, 1608–47, born at Faenza, a pupil of Galileo; his discoveries concerning the pressure of air resulted in the barometer; he was noteworthy among scientists as a writer with a clear and attractive style.

136. **s'en douter** =*conjecturer, soupçonner*, 'to have some notion of, suspect',—*Elle s'est placée ainsi, sans le vouloir ni s'en douter, au premier rang des écrivains de notre langue*—Sainte-Beuve, of Mme de Sévigné; *douter de*, 'to be doubtful about',—*Je l'ai vu douter du cœur de son amante*—Racine, 'Britannicus', II, 8; *douter*, 'to doubt',—*C'est une partie de bien juger de douter quand il faut*—Bossuet.

152. **une horloge**, ⟨horologium (hour-teller), 'clock' (cf. la cloche, die Glocke, 'bell'); *horloge à poids*, 'clock' (with weights); *la pendule*, (bracket or chimney) 'clock'; *le pendule*, 'pendulum'.

158. Many have found pleasure in his 'Essayes or Counsels, civill and morall'; they have penetration and delicacy of observation; "their roughness", says Dean Church, "gives a flavour which no elaboration could supply"; they abound in memorable sayings, as an example: "If a man can be a partaker of God's theatre, he shall likewise be a partaker of God's rest" (Genesis i, 31)—Essay 'Of Great Place'.

162. **ces deux livres ingénieux** are the 'Essais' (1588) of Michel Eyquem de Montaigne and the 'Réflexions ou Sentences et Maximes morales' (1665) of François, duc de La Rochefoucauld. Books and writers differ widely. Montaigne was an agreeable and cheerful man who wrote a book in the main agreeable and cheerful. He aims at a conversational style, *tel sur le papier qu'à la bouche*; he portrays himself in order to portray humanity; he dwells on the fallibility of human reason, but he found life enjoyable and faced death with equanimity, *je veux que la mort me trouve plantant mes choux*. La Rochefoucauld

was of a melancholy humour, *depuis trois ou quatre ans, à peine m'a-t-on vu rire trois ou quatre fois*. His style is impeccable in its clearness and precision. His pessimism is profound; in all human activities he sees only self-interest,—*Les vertus se perdent dans l'intérêt comme les fleuves dans la mer*.

166. **Jacques de Thou**, 1553–1617, magistrate and historian who wrote, in Latin, a history of his own time which still has some value.

167. **Perkins**, usually known as Perkin Warbeck. Note, VIII, 6. Apart from surnames, V. is generally accurate, and his mastery of English is surprising; he would not have followed a modern French publicist in writing of '*Eton ou tout autre public-house*'.

169. **Margaret, duchess of Burgundy**, sister of Edward IV; she afterwards made her apology to Henry VII for her conduct.

172. **environ ce temps**, note, IV, 3.

obséder, ⟨obsidere (to besiege), =*importuner, tourmenter*, 'torment, beset, obsess',—*obsédé de la foule des solliciteurs,—de réflexions sombres*.

181. **ce phébus**, 'such fustian' (L.). The philosopher Vauvenargues, whom V. admired and befriended, writes: *La magnificence de paroles avec de faibles idées est proprement du phébus*. For 'fustian' cf. Marlowe: "God forgive me, he speaks Dutch fustian".

TREIZIÈME LETTRE

V. rewrote the present Letter and modified some of his expressions. He explains that *il faut déguiser à Paris ce que je ne saurais dire trop fortement à Londres*. Even in its amended form, it gave much umbrage to the clergy and was the chief cause of the condemnation of the Letters.

4. **John Locke**, 1632–1704, was born at Wrington, Somerset. He passed his boyhood at Beluton, near Bristol, where his father was an attorney and owner of a small estate. He was at Westminster School at the time of the execution of Charles I and entered Christ Church as a 'student', 1652, retaining his studentship until 1684, when he was deprived of it by royal command. He graduated as a Bachelor of Medicine in 1674. As a medical practitioner, he made the acquaintance of Lord Ashley, first Earl of Shaftesbury, and the friendship with Ashley, thus begun, changed the course of his life. He took up his residence in Ashley's London house and acted as confidential secretary to him. He was occupied with his 'Essay concerning Human Understanding' from 1671 to 1690 and earned £30 for his labour. He resided abroad, at Montpellier and in Holland,

for several years on account of his delicate health and, also, because his friendship with Ashley exposed him to prosecution.
In William III's reign, he not only returned to England but held
office as a Commissioner of the Board of Trade. Locke was
a man of serene temperament, capable of jesting, devoted to his
friends, meticulous in the keeping of his accounts: "By 6 tarts
and 3 cheese-cakes, 3/9, by 2 papers of patches for my Lady
Masham 1/-", and so on, from day to day. Professor Campbell
Fraser thus sums up his philosophy: "His temperate aim was
not to explain the universe but to adapt his own intellectual life
and that of others to the actual conditions".

8. **sensible**, see notes, IV, 14 and XI, 81.

9. **géomètre**, usually noun, 'geometrician'; here adj. =
géométrique.

16–36. V. here summarises the doctrines of various philosophers concerning the soul, as contained in Bayle's 'Dictionnaire historique et critique'. According to Bayle, the idea
that *l'âme est une portion de la substance même de Dieu* formed
part of the teaching of *Cesalpini* (1519–1603), the Italian philosopher who was the first to recognise sex in flowers. *Anaxagoras*
taught that the divine intelligence was the source of all movement and change. His pupil *Diogène* of Apollonia held that the
air is the principle of all being. *Diogène le cynique* (or 'doglike',
because of the simple life he led) saw in practical good the goal
of philosophy. His father, rather than he, was *faux monnayeur*.
With his tub and his lantern, he prepared the way for Stoicism,
while *Épicure* is the originator of the rival school, with its tenet
that pleasure is the chief good. *Épicure* would however have
accepted Locke's dictum: The chief part of the art of living is
to watch and examine that we may not be so deceived by the
flattery of a present pleasure as to lose a greater. "Know thy-
self" is the dominating thought of the philosophy of *Socrate*.
To *Platon* the soul which was immortal and eternal was the
soul of the world. Anatomy, logic, and the history of philosophy
begin with *Aristote*. V.'s entertaining dismissal of these Greek
philosophers must not be allowed to obscure their achievement:
"To break through custom by the sheer force of reflection, and
so to make rational progress possible, was the intellectual feat
of one people, the ancient Greeks"—R. R. Marett.

27. **s'en rapporter à qqn.** =*se fier à qqn.*, 'to refer the
matter to someone'; here, 'if we are to believe (some of his
disciples)'; *se rapporter à qqch.*, 'to match, be in keeping with',—

> Sans mentir, si votre ramage
> Se rapporte à votre plumage,
> Vous êtes le phénix des hôtes de ces bois—La Fontaine, I, 2

rapporter, 'to bring back, relate (tell tales), produce',—*Tourne-fort rapporta* 1336 *nouvelles espèces de plantes* [chiefly from Asia]—V., 'Louis XIV'; *on rapporte tout ce qui se passe; Il y a des germes de pensée qui rapportent au centuple*—Fontenelle, 'Renau'.

28. **l'entendement**, 'understanding, intelligence'; verb, *entendre*, orig. =*tendre vers*, 'intend'; later, =*diriger l'esprit, comprendre*,—*Les sots lisent un livre et ne l'entendent point*—La Bruyère; finally, =*diriger l'oreille, ouïr,—il n'est plus sourd que celui qui ne veut pas entendre*.

31. **le démon**, ⟨δαίμων, =*le Dieu qui habite en soi*, 'divinity, tutelary genius',—*La philosophie consiste à veiller sur le génie qui est en nous* (τὸν ἔνδον δαίμονα) *pour qu'il reste pur de toute tache et de tout dommage*—Marcus Aurelius, II, 17: in usual sense, ⟨Lat. daemonium, 'unclean spirit'.

34. **un génie familier**, 'familiar spirit, good genius',—*Ce génie, c'est l'entendement et la raison accordée à chacun de nous*—Marcus Aurelius, V, 27 (Saint-Hilaire); later =*aptitude spéciale*, 'genius', —*Le génie n'est autre chose qu'une grande aptitude à la patience*—Buffon, 'Discours de Réception à l'Académie'; *Le bon sens n'est pas mon fort. Je n'ai que du génie*—Banville, 'Gringoire', Sc. 4.

35. **difficile**, here =*d'une délicatesse exigeante*, 'hard to please',—

> *Ne soyons pas si difficiles:*
> *Les plus accommodants, ce sont les plus habiles*—
> La Fontaine, 'Fables', VII, 4.

36. **les Pères de l'Église**, the Christian writers of the first seven centuries of Christianity, who are accepted as trustworthy witnesses to, or expositors of, the early teachings of the Church.

39. **Saint Bernard**, 1091–1153, Abbot of Clairvaux in Champagne, founder of some seventy monasteries and in his day the spiritual head of the world. The second crusade (which failed disastrously) was the outcome of his eloquence and enthusiasm. "If ever there lived a God-fearing and holy monk", said Luther, "it was St Bernard of Clairvaux." The Benedictine **Père Mabillon**, 1632–1707, wrote 'Les Annales de l'ordre de Saint-Benoît'.

43–4. **sur sa parole**, the modern expression is: *croire qqn. sur parole*.

décréditer has been superseded by *discréditer*.

45–7. The first four of these titles were given respectively to Alexander of Hales, Duns Scotus, Thomas Aquinas and St Bonaventura, the shining lights of scholasticism in the Middle Ages. The fifth is facetious and borrowed from Rabelais.

irréfragable, ⟨refragari (to contest),—*qu'on ne peut récuser*
—*autorité irréfragable*, 'irrefutable, incontestable'.

51. **René Descartes** (Lat. Renatus Cartesius—hence adj.
cartésien), 1596-1650, born at La Haye, near Tours, where his
statue, with his famous word, *Je pense, donc je suis*, on the
pedestal, to-day regards the town from the banks of the Loire.
On leaving school, the Jesuit college of *La Flèche*, Descartes was
so little satisfied with the education he had received that he set
himself to erase all previous learning from his mind and so ob-
tain a clearer impression of truth. He travelled extensively for
twenty years and then (1629) settled in Holland where he devoted himself to the elaboration and publication of his works.
His 'Discours de la Méthode' was published in 1637. Some
years later, he yielded to the persuasions of Queen Christina of
Sweden, *cette reine philosophe*, and journeyed to Stockholm,
where early school (he began his lessons at 5 a.m.) and the
rigours of the climate hastened his end. Descartes has been
called the father of modern philosophy—*le progrès* is one of his
leading ideas. V. himself is an exponent of the first of Cartesian
precepts, *ne recevoir jamais aucune chose pour vraie que je ne la
connaisse évidemment être telle*.

54-6. Professor A. Seth epitomises this doctrine: mind or
spirit is pure consciousness and matter is mere extension. Here
l'étendue implies the property of matter by which it occupies
space; other meanings are 'extent, space, expanse, length',—
l'étendue d'un pays, d'un discours, des connaissances.

62. **Nicolas de Malebranche**, a disciple of Descartes but
one who did not accept the whole of his master's philosophy.
(Note, II, 68.) He held that we see all things in God and that
all beings and thoughts exist in God, *Dieu est le lieu des esprits
comme l'espace est le lieu des corps*.

l'Oratoire is an order of secular priests founded in Italy by
St Philip Neri, 1564. They are not bound by vows but work together for their mutual sanctification and the sanctification of
others. Famous *anciens élèves* of the *Pères de l'Oratoire* are *Jean
de la Bruyère* (I, 138; V, 100; VIII, 70) and *Joseph Fouché* (XII,
104), Napoleon's minister of police.

63. **les idées innées**, 'innate ideas', as of God, immortality,
right and wrong, held to be inherent in the mind.

66. **le roman**, here 'romance', usually 'novel'; orig. work
written not in Latin but in the vulgar tongue, ⟨romanice
(scribere).

68. **développer**, c.-à-d. *dérouler, expliquer en détail*, 'to un-
wrap, unfold', fig. 'to expound',—*développer une pièce de drap,
une idée*; also =*faire croître,—développer l'intelligence, les muscles*.

69. **le ressort**, 'spring, force',—"What a spring was in his

arm!"—Dryden; root idea, 'a going back' to original state, as a spiral spring does if stretched out and then released; lit. mechanical 'spring', *d'une montre, d'une voiture*; fig. 'resiliency, energy',—*L'adversité rend à l'âme le ressort perdu.* Eng. 'in the last resort' =*en dernier ressort,* 'without appeal'; *le ressort,* 'province, purview, jurisdiction' (having recourse to someone),— *Il peut arriver que la cour de cassation* [Supreme Court of Appeal], *au lieu de casser, confirme, mais à s'en tenir au nom, une telle action paraît exclue de son ressort*—Nyrop, Grammaire historique, IV, 592. Note, VIII, 103.

70. **le flambeau,** 'torch, light',—*le flambeau de la raison; la physique,* here in orig. sense 'natural philosophy', the science dealing with the material world; usually 'physics', the science which considers the properties of bodies; *le physique,* 'constitution, physique, outward appearance',—*Quoi qu'on fasse, le physique brime toujours l'esprit*—A. France.

90. **savant,** note, XI, 88.

95. **Locke,** and later philosophers, such as John Stuart Mill and Spencer, held that ideas are the result of experience, the mind at the outset being blank, *une table rase.* Descartes, Leibnitz and others believed that some ideas were inborn, anterior to experience and part of the nature of the mind.

103. **le néant,** ⟨ne-entem, from esse; (cf. *entité;*) 'nonexistence, nullity', and hence 'worthlessness'; *anéantir =détruire, exterminer; l'anéantissement =destruction.*

110. **dévot,** note, II, 28.

122. **Nicolas Boileau,** the first great French critic, *le législateur du Parnasse,* was known to his contemporaries as *Despréaux,* from a small estate which he possessed near Villeneuve-Saint-Georges (Seine-et-Oise). His elder brother, *Gilles,* a now forgotten poet, was known as *Boileau.* Voltaire, whose surname was *Arouet,* owes his name, *Arouet de Voltaire* (1718), to this custom of reserving the family name for the eldest son: *On lui a reproché d'avoir pris ce nom de Voltaire, c'est-à-dire d'avoir suivi l'usage alors généralement établi, où les cadets, laissant à l'aîné le nom de famille, portait celui d'un fief ou même d'un bien de campagne*—Condorcet, 'Vie de Voltaire'.

Boileau in his 'Satires' spared few of the most popular writers of his time and they replied with such terms as: *Desvipéreaux, bouffon, faussaire, jeune dogue,* and found in his verse insults directed against the king, the court and the clergy.

124. **Edward Stillingfleet,** 1635–99, Dean of St Paul's, and afterwards Bishop of Worcester. He had gained a reputation (and a bishopric) as an apologist and polemic before he entered upon his controversy with Locke. He was a very learned man, and handsome, known, in fact, as 'the beauty of

holiness'. At times he was capable of remarks in V.'s own vein: of one of his opponents, John Howe, he said: he reasoned more like a gentleman than a divine, and he declared that Richard Bentley, the greatest contemporary scholar, wanted only modesty to make him the most remarkable man in Europe.

126. **une injure**, ⟨injuria (what is wrongful); =*insulte, outrage*, 'insult, abuse, mischief'; this sense survives in Eng. in the expression 'injurious language'; *le mal, le dommage, le dégât, la lésion*, correspond to different senses of Eng. 'injury'.

entrer en lice, 'enter the lists'; *la lice*, 'arena', also 'warp' in weaving; in both senses, perhaps from Lat. 'licia', stakes of arena resembling arrangement of threads of warp.

129. **la trempe**, 'temper, disposition'; lit. 'steeping', orig. of hardening steel by steeping in water; *tremper*, ⟨temperare (to regulate), 'to soak, dip'. Cf. V., 'Siècle de Louis XIV', vol. I, vi: *Notre conduite et nos entreprises dépendent uniquement de la trempe de notre âme, et nos succès dépendent de la fortune.*

138. **le bien commun**, note, IX, 119.

144. **gouverner** =*régler*, 'to regulate'; =*dominer*, 'control, govern'; =*diriger*, 'to steer, direct',—*on gouverne ses passions, un pays, un navire.*

148. **la seule cause seconde**, 'the only second cause', i.e. a cause through which God, the first cause, works.

150. **argumenter**, 'to argue, press with arguments'; from the same ultimate root as *arguer* =*tirer une conséquence*, 'to infer'; the orig. sense is 'to prove'.

166. **telle qu'elle soit** is now *une expression morte*; its place is taken by *quelle qu'elle soit; tel* is no longer used with subjunctive.

177. **borner** =*limiter, modérer*, 'to limit, control',—*intelligence, ou fortune, bornée,—il faut savoir se borner*; noun, *la borne*, ⟨bodina, 'landmark, goal, boundary'; 'bound' and 'bourn' are cognate words: "The undiscover'd country from whose bourn No traveller returns"—'Hamlet', III, I. (XVIII, 80.)

197. **délié**, doublet of *délicat*, =*grêle, subtil, fin*, 'delicate, slender, subtle',—*esprit délié, taille déliée.*

207. **recourir à qqn.**, 'turn to, appeal to, have recourse to'; the similar expression, *avoir recours*, is more often used of things,—*on a recours aux remèdes.*

211. **avoir beau**, 'it matters not, etc.' Note, XI, 96.

216. **l'enthousiasme**, note, III, 41.

226. All these philosophers were unorthodox with regard to the generally accepted beliefs of their time. **Montaigne**, XII, 162; **Pierre Bayle**, 1647–1706; his 'Dictionnaire' (VII, 52) had considerable influence upon the philosophy of the 18th century; **Baruch Spinoza**, 1632–77, born at Amsterdam, and living in

Holland, he devoted his life to philosophy and elaborated a system of pantheism; **Thomas Hobbes**, 1588–1679, author of 'The Leviathan', in which he advocates materialism and utilitarianism, and, in government, despotism; **milord Shaftesbury** (the third Earl), **Anthony Collins** and **John Toland** were prominent followers of Locke and exponents of deism in the early years of the 18th century.

234. **les Cordeliers** are the Franciscan friars, so called because of the rope they wear by way of girdle. The dispute concerning the shape of their sleeves and hoods took place in 1581.

QUATORZIÈME LETTRE

Voltaire had made a careful study of the teaching of Newton and in this and the two following Letters, he endeavours, as he wrote elsewhere, "to elucidate for the benefit of the French the theory, and indeed all the theories, of that great philosopher". Thanks to the influence and writings of the French Protestant refugees who came to England (to the number, it is said, of 70,000) after the Revocation of the Edict of Nantes (1685), our country, even before V. wrote his 'Lettres Anglaises', enjoyed a reputation for political and religious freedom, and for philosophical and scientific thought. In 1725, Béat de Muralt, a Swiss Protestant (XIX, 1), published his interesting and sympathetic 'Lettres sur les Anglais et sur les Français' in which he made light of *l'esprit français* and declared that in England there were people *qui avaient de ces pensées fortes en plus grand nombre que les gens d'esprit des autres nations*. In 'Le Renard Anglais' (1694), La Fontaine had written:

> *Les Anglais pensent profondément:*
> *Leur esprit, en cela, suit leur tempérament;*
> *Creusant tous les sujets et fort d'expériences,*
> *Ils étendent partout l'empire des sciences.*

The reputation of England at this time rested on solid foundations. "What men that little rustic England could breed! A nation of five and a half millions that had Wren for its architect, Newton for its scientist, Locke for its philosopher, Bentley for its scholar, Pope for its satirist, Addison for its essayist, Bolingbroke for its orator, Swift for its pamphleteer, and Marlborough to win its battles, had the recipe for genius"—Professor G. M. Trevelyan, 'Blenheim'.

6. **tourbillons de matière subtile**, 'vortices of subtle matter' (L.). These were a conception of Descartes. They were tiny particles which were in continual motion and formed vortices or whirls.

13. **s'en éclaircir**, see note, IV, 35.

18. **les cartésiens**, followers of Descartes; see note, XIII, 51.

32. **l'étendue**, note, XIII, 54.

35. "It is not for us to decide in such great disputes"—
Vergil, 'Eclogues', III, 105.

38. Newton was buried at Westminster, March 28, 1727, and
it may be surmised, from this remark and another in Letter
XXIII, 46, that V., who was in London at the time, witnessed the
funeral.

41. **Bernard le Bovier de Fontenelle**, 1657–1757, a
nephew of Corneille and the only centenarian among great
writers. He was *secrétaire perpétuel de l'Académie des sciences*
and in this capacity wrote the 'Éloges' upon deceased members,
some of which may still be read with pleasure. In his 'Éloge'
on Sir Isaac Newton occurs the famous phrase: *il était simple,
affable, toujours de niveau avec tout le monde*; with which may be
compared the words on the pedestal of Newton's statue in
Trinity College Chapel: "Qui genus humanum ingenio superavit", and Voltaire's saying (XIV, 111), *le monde ne pouvait être
que son écolier*. Concerning Fontenelle's own delightful personality, the following lines, written by his contemporary, du Tillet,
must suffice:

> *Soit en ie, soit en ique,*
> *Il sait tout et le sait bien;*
> *Il sait plus, il sait être aimable,*
> *Plus modeste qu'un écolier,*
> *Et plus galant qu'un cavalier,*
> *Où diable trouver son semblable?*

46. The Royal Society for the Promotion of Natural Knowledge had its beginning in 1645, when "divers worthy persons
inquisitive into natural philosophy and other parts of human
learning did, by agreements, meet in London to treat and discourse of such affairs". The Club thus formed was granted a
charter in 1662 by the grace and favour of Charles II. The
Royal Society has numbered among its members many of the
most illustrious scientists and its activities and influence grow
in range and importance.

51. **avouer**, note, I, 113.

60. **la reine de Suède**, Christina, 1626–89, daughter of
Gustavus Adolphus. She abdicated her throne at the age of 27.
According to V. ('Siècle de Louis XIV', ch. VI): *Elle crut qu'il
valait mieux vivre avec des hommes qui pensent que de commander
à des hommes sans lettres et sans génie.*

un divertissement, 'interlude' of song or dance between
the acts of a longer piece; also =*distraction*, 'recreation, sport,
amusement'. Descartes wrote some verses for a court ball.

70. **philosopher,** =*s'occuper de méditations philosophiques,* 'devote oneself to philosophy'; =*discourir,* 'philosophise',— *philosopher sur l'amour.*

80. **prétendu,** 'false, sham'; note, IV, 96.

83. **essuyer** =*subir*; note, VI, 18.

94. **sur cette espérance,** in terms more modern,—*attiré (alléché) par cette offre.*

95. **la patente,** 'letters patent, warrant'; also 'ship's bill of health', 'trader's licence'; cf. *le brevet (d'invention),* 'patent',— *invention brevetée.*

98. **le grand Galilée,** Galileo Galilei was born at Pisa, 1564, and died at Arcetri, 1642. He was not therefore quite 80 years of age at this time. In broken health, and in his 69th year, he was forced to recant his belief in the Copernican theory of the sun as the centre of the heavens with the earth circling around it. But no doubts disturbed that great mind: "E pur si muove".

102. **un mauvais régime,** 'a wrong treatment'; other meanings are: 'government, system, diet, object (grammatical)', —*l'ancien régime,*—*Il vivait de régime et mangeait à ses heures*— La Fontaine, VII, 4.

109. **les impertinences scolastiques,** 'follies—nonsense— of scholasticism'; also =*impudence,*—*cela frise l'impertinence.* Note, XII, 76.

126. **l'horreur du vide,** notes, XII, 75, XV, 82.

127. **la lunette** (*d'approche*) *que Galilée appelle en un mot: télescope*—J. Tarde, 1611. Milton calls it a 'glass':

> "As when by night, the glass
> Of Galileo, less assured, observes
> Imagined lands and regions in the Moon"—'P.L.' V, 261–3.

The first telescope was the invention of Hans Lippershey, a Dutch optician, in 1608. It owed much of its value to improvements made by Galileo. It was a refracting telescope, depending on convex and concave lenses. Newton made a further advance by introducing mirrors. His instrument is preserved in the library of the Royal Society and bears the inscription: "The first reflecting telescope, invented by Sir Isaac Newton, and made with his own hands". See XVI, 123–45.

141. **Schooten,** a Dutch mathematician who translated the 'Geometry' of Descartes into Latin, in order to render it more intelligible, and annotated it; **Pierre de Fermat** was a mathematician of Toulouse.

144. **la dioptrique,** 'dioptrics', now usually termed 're-fraction', the branch of optics which treats of the refraction of light, especially by lenses.

150. **fourmiller,** 'to abound, swarm',—*Le mauvais four-*

mille et le bon est rare—V., 'Baboue'; also 'to tingle, have pins and needles',—*les pieds me fourmillent*; its derivation from *la fourmi*, 'the ant', explains these dissimilar meanings.

154. **sa physique**, see note, XIII, 70.

169. **conséquent**, 'logical, consistent',—*un homme conséquent dans sa conduite*.

178. *celui-ci vaut celui-là*, 'this one is as good as that one', or 'as valuable as that one'; *ils nous valènt*, 'they are as good as we are'.

179. **la carrière**, ⟨It. carriera (chariot); orig. 'race, race-course' (cf. expression, 'careering along the road'); wider in meaning than 'career', ='course, race, path, voyage, scope',—*donner carrière à l'imagination; =l'arène*, 'arena, lists',—*Nous entrerons dans la carrière quand nos aînés ne seront plus*—Rouget de Lisle, 'La Marseillaise'; ⟨quadrare, 'to square' (stones), 'quarry',—*une carrière d'ardoise*.

183. **Jacques Rohault**, 1620–75, a disciple of Descartes, was the author of a 'Traité de physique', 1671.

186. **approfondir**, lit. 'to deepen',—*un puits, un fossé*; fig. =*creuser, fouiller*, contr. *effleurer*, 'examine thoroughly, make an exhaustive study of, get to the bottom of',—*Nous approfondirons, ainsi que la physique, Grammaire, histoire, vers*—Molière, 'Les Femmes savantes'.

187. **M. Newton** would seem to have embarked upon a thankless task—*creuser dans un abîme infini, un précipice*.

QUINZIÈME LETTRE

Sir Isaac Newton, whose discoveries form the subject of this Letter and the two following, was born on Christmas Day, 1642, at Woolsthorpe, a small village eight miles south of Grantham, Lincolnshire, the only child of another Isaac Newton, a yeoman farmer of slender means. Like his long-lived contemporaries, Voltaire and Fontenelle (XIV, 41), he was born a small and delicate child. He was educated at village schools and later at Grantham Grammar School, where he became head boy. When Newton was born, his mother was already a widow, and it was she and his grandmother and uncle, the Rev. W. Ayscough, who watched over his boyhood. His talents were early revealed. In his schooldays, he showed a bent for chemical experiments and for practical jokes of a scientific kind, he was interested in astronomy and apt at drawing. In 1661, he entered Trinity College, Cambridge, as a sub-sizar, or student who acted as a servant and was boarded and lodged free. The record of his undergraduate days is scanty and it is not known what place he occupied when he graduated in 1665. He studied mathematics under Barrow and his notebooks show that he was making experiments in optics and chemistry. In August, 1665, plague broke out in Cambridge and the University closed its doors for two years. Newton spent this time at Woolsthorpe and during its brief months achieved four stupendous discoveries—the binomial theorem, the calculus, the true nature of light, and the law of universal gravity. He also constructed the first reflecting telescope. The magnitude of his achievement was known to himself and the world only gradually in the course of some twenty years. Returning to Cambridge, he was made a Fellow of his College, and, at the age of 27, Professor of Mathematics. He was elected member of the Royal Society (of which he was President for the last 24 years of his life) and expressed a hope that his "poor and solitary endeavours" would "promote the Society's designs". His wonderful work, "The Mathematical Principles of Natural Philosophy", was published in 1687. It contains the statement of the law of gravity and illustrates its working in tides and the paths of comets. In spite of its relative truth, Newton's system of natural philosophy was not readily accepted. It involved him in disputes which harassed and exhausted him. For some years he gave up scientific work. In 1695, a new sphere of activity was opened to him when he became Warden (and later, and until his death, Master) of the Mint. This office brought him to London and freed him from the poverty, which, in greater or less degree, had been his lot from birth. "The King's business" now became his chief concern and the reform of the coinage gave ample scope to his scientific and practical ability. He died at the age of 85. In person he was of the middle height, his eyes were searching, his nose straight and long, his mouth large and shapely, and, even as an old man, his hair was luxuriant and his teeth perfect. He was an affable man (note, XIV, 41), his modesty is remembered in the well-known saying: "I am as a boy diverting myself on the seashore by finding a smoother pebble or prettier shell than ordinary, whilst the great ocean of truth lies all undiscovered before me"; he was a model of generosity and piety; his intellect has been summed up in the phrase of Lucretius: "Qui genus humanum ingenio superavit".

21. **la pesanteur**, note, XII, 132.
34. **dans le grand**, sc. *tourbillon*.
48. **anéantir**, see note, XIII, 103; **sans ressource**, ⟨re-surgere (to rise again), =*sans remède*, 'irremediably, irrefutably, irrevocably'; also 'without means'.
52, 60. *primo, secundo =premièrement, en second lieu.*
59. **une livre**, ⟨libra, 'a pound'; *un livre*, ⟨liber, 'a book'.
62. It was Nicholas Copernicus, 1473–1543, who first con-

tended that the earth was one of many planets, and moved on its axis, and round the sun. **Johann Kepler**, 1571–1630, a man not only of vast intelligence but of noble character, discovered the laws governing the movements of planets and proved that their movements were not circular, as Copernicus supposed, but elliptical. Galileo with the help of his telescope confirmed their discoveries.

69, 70. **le périhélie, l'aphélie**, ⟨Gk. ἥλιos (the sun), 'perihelion, aphelion', point in the planet's orbit nearest to— most remote from—the sun. Cf. *l'apogée, le périgée; le nadir, le zénith.*

78–9. **l'occident** =*l'ouest*, quarter of the setting sun; **l'orient** =*est*, quarter of the rising sun; **le septentrion** =*le nord*, 'north', region of the seven stars of the Little Bear; **midi** =*le sud*, region of midday sun.

80. **trancher**, ⟨truncare, truncus (trunk), orig. 'to separate from trunk', hence 'to cut', =*couper,—trancher le nœud gordien;* cf. Eng. trench, trencher, etc.; fig. =*résoudre,* 'settle, solve',— *trancher une difficulté,—une question.*

82. **l'expérience**, see note, XI, 80; **le plein**, 'the plenum, fullness of matter in space', ⟨plenus (full);**le vide,**'the vacuum', ⟨viduus (empty, void). Note, XII, 75.

90–6. This famous story of the apple—**des fruits**—was first told by V., who heard it from Newton's niece, Mrs Conduitt. It is vouched for also by Dr Martin Folkes, Vice-President of the Royal Society in 1723.

101. **sensible**, see notes, IV, 14 and XI, 81.

111. **renversé**, 'inverse'; usually, 'turned upside down, agitated'.

114, 125. **médiocre,**⟨Lat. mediocris (lit. half way up the hill), 'moderate, ordinary, indifferent, of little capacity'; in more common use and with wider meaning than 'mediocre',—*mes espérances ne sont pas médiocres*, 'my hopes are high'.

120. **l'estime**, now 'esteem, estimation',—*Nul ne peut être heureux s'il ne jouit pas de sa propre estime*—Rousseau; here, in older sense, =*calcul* or *estimation*, 'reckoning, calculation'; cf. Eng. "What do you esteem it at?"—Shakespear, 'Cymbeline'.

126. **cadrer**, ⟨quadrare, =*s'ajuster*, 'to square, tally, agree (with something)',—*Les livres cadrent mal avec le mariage*— Molière, 'Les Femmes savantes'. Cf. noun, *le cadre*, lit. 'square frame'; *encadrer (un portrait)*, 'to frame'.

128. **Jean Picard**, 1620–82, astronomer and professor at the *Collège de France*; he published his work, 'La Mesure de la terre', in 1671.

131. **y trouver son compte**, 'to find what one expects, to find something to one's advantage'; *le compte*, 'account', and

le conte, 'story' pronounced alike and ultimately from same root,—computare (to reckon); *le comte,* ⟨comes, 'count, earl'.

133. **un quart de cercle,** 'a quadrant'.

143. **moyen,** ⟨medianus (in the middle), 'average, mean'; Eng. 'mean' in this sense,—'lofty, mean, or lowly',—is derived from *moyen,* while, in the sense of 'base', it is cognate with Ger. 'gemein'; *moyen* also has meanings 'middle, mediocre',—*le moyen âge, les esprits moyens.*

148. Newton writes 'pedum Parisiensium'; **le pied de Paris** measured 32 centimetres, 4 millimetres.

150. **la raison,** here 'ratio', relation between two quantities.

154. **un corps grave,** 'a heavy body' (physics); 'heavy', in general sense, *lourd,—un lourd fardeau, un style lourd; grave,* usually =*sérieux, important, dangereux,—Le rôle d'une jolie femme est beaucoup plus grave que l'on ne pense, il n'y a rien de plus sérieux que ce qui se passe le matin à sa toilette, au milieu de ses domestiques*—Montesquieu, 'Lettres persanes', 110.

157. **or est-il que...** would now perhaps be written: *or il est prouvé que....*

164. **peser sur,** 'gravitate towards' (physics); lit. 'lie heavy upon',—*une viande qui pèse sur l'estomac.* Note, XII, 132.

172. **la dernière exactitude,** 'the utmost precision'; similarly,—*une affaire de la dernière importance, du dernier vulgaire, les dernières limites de la terre.*

182. **renfermer** =*contenir,* 'contain',—*le crâne renferme le cerveau*; orig. 'to shut up',—*Sommes-nous chez les Turcs pour renfermer les femmes?*—Molière.

187. **les connaissances,** 'knowledge'; also 'acquaintances'.

197. **le nœud,** ⟨nodus, here in the astronomical sense, 'node' (a particular point in the orbit of a planet); usually 'knot, bond, main point'.

207. **le frein,** ⟨frenum, 'control, restraint'; lit. the 'bit, curb, brake',—*le cheval ronge son frein, le frein d'une bicyclette.*

208. **l'écueil,** ⟨scopulum, =*rocher à fleur d'eau,* 'rock, hidden and dangerous reef',—*une côte hérissée d'écueils*; here figurative, 'stumbling-block, danger, rock',—*Les écueils où se brisent bien des hommes, ce sont l'amour et l'ambition*—L.-N. Bescherelle.

217. **Edmund Halley,** born at Haggerston, London, 1656, died at Greenwich, 1742; Professor of Geometry at Oxford and later Astronomer Royal. Beginning while a pupil at St Paul's School, he devoted his life to science. He discovered that comets are subject to the same laws as planets and foretold, in 1705, the return, in 1758, of the comet known by his name. He was a friend of Newton's and largely responsible for the

NOTES 159

publication of the 'Principia'. He claimed, in fact, to be 'the Ulysses who produced this Achilles'.

227. **Jacques Bernouilli,** 1654–1705, a Swiss mathematician of Belgian descent, professor at the University of Basel. It was his brother, Jean, who addressed to the foremost mathematicians of Europe certain problems of extraordinary difficulty. Six months were not enough for the rest; Newton solved them in a single day. This was in 1697, when he was not directly occupying himself with mathematics. His work was anonymous but Bernouilli recognised it—'tanquam ex ungue leonem', he said.

231. **l'adresse,** 'cunning, cleverness, skill' (with the idea of going *directly* for one's object, cf. 'adroit'); also 'direction' on a letter, 'discourse' to a person of distinction.

233. **William Whiston,** 1667–1752, an eccentric divine, who wrote and lectured on meteors, eclipses and earthquakes, translated Josephus, and founded a sect of 'Primitive Christians'.

251. **la moitié,** ⟨medietas, 'the half'; as adverb,—*moitié par force, moitié par adresse;* cf. *demi,* ⟨dimidium, adj. and noun, *un demi-mètre, le demi de mêlée,* 'scrum half'.

258. **le ressort,** see note, XIII, 69.

262. **précautionner** is now little used, =*mettre en garde (contre), prémunir,* 'warn'; *se précautionner* =*user de précautions contre qqch.,* 'take precautions'; *précautionné,* 'wary'; *un voyageur précautionneux,* 'traveller who believes in "safety first"'.

264. **les qualités occultes** are 'occult qualities', whose effects only are observed, while their nature and relations remain undetermined.

271. **Joseph Saurin,** 1665–1737, a French Protestant minister, who abandoned his ministry and Protestantism for mathematics and Catholicism.

M. de Fontenelle, see note, XIV, 41.

273. **les chimères du péripatétisme,** 'the chimerical way of reasoning of the Aristoteleans' (L.); ⟨περιπατητικός (given to walking about); applied orig. to the philosophy of Aristotle, who taught while walking in the Lyceum at Athens.

313. **la détermination,** here, 'direction', the tendency of a body to move in a particular direction.

317. **reçu** (now old-fashioned in this sense), =*permis,—il est reçu qu'on fasse cela,* 'permissible'.

331. **en savoir gré,** ⟨gratum, =*en être reconnaissant,* 'to be grateful for it'.

334. **chicaner,** 'cavil, find fault'. V. writes in another letter: *Si l'auteur m'émeut, m'intéresse, je ne le chicane pas;* noun,

la chicane, 'quibbling'. It is supposed that the word takes its origin from a form of golf played in Languedoc, and, seemingly, not in the right spirit.

339. 'Thus far shalt thou go and no farther'; the Latin of the Vulgate is: "Usque huc venies et non procedes amplius"— Job xxxviii, 11.

SEIZIÈME LETTRE

4. **d'autant plus**, 'all the more'. This expression, though very common, is often lacking from the vocabulary of the English student. Another example from V. ('Lettres', 1775) will not, perhaps, be unacceptable: *L'art de la tragédie est d'autant plus difficile et d'autant plus au-dessus de la comédie, qu'il faut être poète pour faire une belle tragédie.* Sometimes a thought may be expressed as clearly but less concisely by: *plus...plus,—La voix doit être d'autant plus douce que la résolution est ferme*—Maurois, 'La Conversation'. (*Plus la résolution est ferme, plus, etc.*)

5, 10, 11. **se douter**, note, xii, 136; **Galilée**, iv, 98; **Kepler**, xv, 62; **Descartes**, xiii, 51.

14, 15. William Harvey, 1578–1657, published in 1628 his treatise, 'Exercitatis Anatomica de Motu Cordis et Sanguinis', in which he expounded his theory of the circulation of the blood. His discovery was completed in 1661, when Malpighi, an Italian doctor, proved the existence of the capillary system, uniting arteries and veins. **la sève**, note, xvii, 57.

végétable now =*qui peut végéter*, 'capable of growth'; used here for *le végétal*, 'tree or plant'; cf. *le légume*, 'vegetable', strictly of the leguminous kind, ⟨legere, 'to gather'; *légumes verts* include *tomates, carottes, et choux rouges*. Eng. 'vegetable' was orig. used in the mod. Fr. sense;—thus Marvell (1650):

> "Had we but world enough and time
> This coyness, lady, were no crime...
> My vegetable love would grow
> Vaster than empires and more slow".

17. **la machine** (*ou pompe*) **pneumatique**, 'the air-pump' (air exhausting or forcing pump), an invention of a German physicist, Otto von Guericke, 1602–86.

22. **Marco Antonio de Dominis**, 1566–1624, priest and scientist, whose career was singularly chequered. He spent some years in England and for a brief period was Dean of Windsor. He died at Rome in the hands of the Inquisition. He outlined the theory of the rainbow in his treatise 'De radiis visus et lucis in vitris perspectivis et iride tractatus'.

31. **globuleux**, 'globulous', composed of very small spherical bodies.

46. **anatomiser** =*disséquer* (*un cadavre*), 'to dissect';=*analyser* (*un livre*), 'to analyse'.

55, 56. **couleur de feu...citron.** V.'s chief authority in this Letter is Dr Pemberton, 'A View of Sir Isaac Newton's Philosophy', 1728. Dr Pemberton translates Newton's 'ruber' and 'aureus' by 'red' and 'orange'. Coste, translation of Newton's 'Optics', 1722, has *rouge et orangé*.

86. **un pouce**, note, IX, 134.

117. **se borner**, note, XIII, 177.

126. **écarter** =*éloigner*, ⟨ex quartare, cf. Eng. 'discard', lit. 'to quarter out, remove portions', and hence, 'to drive away, disperse, scatter',—*Le travail écarte l'ennui, le vice et la misère*—V.

130. **la figure**, 'shape, figure' and by a process of restriction 'face'. Cf. similar process in: *la contenance*, 'countenance', and 'complexion'.

133. **le défaut**, here, 'fault' in a thing: usually of 'lack, failing, defect' which one has,—*Quoi donc! votre maître n'a-t-il pas assez de vertus pour avoir des défauts?*—Henri IV, to the ambassador of Philip II. Cf. *la faute, l'erreur*, which one makes, —*Il y a tant de grandeur, tant de force d'imagination jusque dans les fautes des Anglais, qu'on ne peut trop conseiller l'étude de leur langue*—V., 'Lettres', 1775.

137. **les lunettes d'approche**, note, XIV, 130.

138. **s'en prendre à qqn.**, 'to impute to, lay the blame on, make responsible',—*on s'en prend rarement à soi-même*.

DIX-SEPTIÈME LETTRE

During his residence at Cambridge, Newton was accustomed, in his own words, "to refresh himself with history and chronology when weary of other studies". Thus it happened that he wrote a brief paper entitled 'A Chronicle from the first memory of things in Europe to the Conquest of Persia by Alexander the Great'. This paper found its way to France, where, against the wishes of Newton, it was translated and published. It excited adverse comment (ll. 216–8) and shortly before his death Newton wrote a revised version which was published in 1728.

4. **une carrière**, see note, XIV, 182.

10. **John Wallis**, 1616–1703, Professor of Geometry at Oxford and one of the founders of the Royal Society. His work 'Arithmetica Infinitorum' formed the basis of those studies of Newton which resulted in the discovery of the differential calculus.

13. **William, Viscount Brouncker**, 1620–84, an Irish

peer, mathematician and physician, first President of the Royal Society.

14. **l'hyperbole**, ⟨ὑπερ-βάλλειν (to throw beyond), =*exagération*; math. 'hyperbola', a curve formed by a section of a cone.

15. **Mercator**, 'merchant', Lat. form of Ger. 'Kaufmann',—Nicholas Kaufmann, 1620–87, a German mathematician, who lived in England and France, was a member of the Royal Society, and scientific adviser in the construction of the fountains at Versailles. A better known *Mercator* is Gerard, 1512–94, one of the founders of mathematical geography.

28. **une droite**, c.-à-d. *une ligne droite*.

39. **l'aire**, ⟨area, 'area, superficies',—*l'aire de vent*, 'point of the compass', 'direction of wind'; from same root: *un are*, 'are', unit of land measure, 100 sq. metres. Cf. *une aire*, 'eyrie' of an eagle, whence *débonnaire*, =orig. *de bonne race*, and now *doux, bienveillant*,—*Heureux les débonnaires; car ils hériteront de la terre*—St Matthew v, 5 (Ostervald). Cf. Eng. 'debonair' and surnames Bonner, Bonar.

50. **Gottfried Wilhelm Leibnitz**, born at Leipzig, 1646, died at Hanover, 1716. He was reputed *l'esprit le plus universel des temps modernes*, his range including mathematics, philosophy, theology, jurisprudence, history and philology. A large part of his life was spent in Hanover, where the dukes were his patrons. He twice visited England and made the acquaintance of Newton, but the acquaintance degenerated into enmity (ll. 49–55), in spite of the reputation for urbanity which they both enjoyed.

52, 56. **Jacques Bernouilli**, see note, XV, 227; **Harvey**, note, XVI, 14.

57. **Claude Perrault**, 1613–88, originally a doctor; he is chiefly remembered as an architect. He published in 1680 an essay on 'La circulation de la sève dans les plantes'. His brother *Charles* has a different claim to immortality. He was the author of 'Les Contes de ma mère l'Oye'.

58–61. **Christian Huyghens, Nicholas Hartsoeker**, and **Anthony Leuvenhoeck** were Dutch scientists of the 17th and 18th centuries. Huyghens was pre-eminent in optics and was described (with Sir Christopher Wren and J. Wallis) by Newton as "hujus aetatis geometrarum faciles principes". Leuvenhoeck and Hartsoeker made improvements in the microscope. Hence their quarrel about *les vermisseaux*, 'vermicules', *petits animaux jusque-là invisibles, qui doivent se transformer en hommes*. Hartsoeker was polemical by nature; *il cherchait toujours des contradicteurs* and found two in Newton and Leibnitz.

63. **la roulette**, 'small wheel, caster'; here 'cycloid'.

76. **reculer**, 'assign to an earlier date, ante-date'—*Les*

Japonais ont eu aussi la manie de reculer leur origine—Diderot; usually *=pousser en arrière, aller en arrière,*—'set back, draw back',—*reculer les bornes; qui n'avance pas recule.*

92. **Ménès,** 'Menes', was looked upon as the first human ruler of Egypt, his dynasty following that of gods and demigods. He was supposed to have lived some forty centuries before Christ. **Séthon** or Seti I was the second king of the 19th dynasty, and the date 1355 B.C. has been assigned to his accession.

96. **une olympiade,** period of four years which elapsed between two consecutive celebrations of the Olympic games.

103. **six-vingts** for *cent vingt*: this expression and similar terms, *sept-vingts, huit-vingts,* are now obsolete; **il s'en faut bien...,** 'three reigns are far from covering that number of years'; *il s'en faut peu,* 'very nearly, within an ace',—*J'ai été sur le point de mourir; il ne s'en est pas fallu l'épaisseur d'un cheveu*—V., 'Lettre', 1773.

111. **l'un portant l'autre,** *l'un dans l'autre, =en moyenne,* 'one with another, on the average'.

113. **répartir** *=partager,* 'to portion out'; cf. *repartir =répliquer; repartir =partir de nouveau*; cf. *répondre,* 'to answer', and *repondre,* 'to lay again' (of birds).

131. **insensible,** note, XI, 81.

135. **le colure,** 'colure', one of the two great circles of the celestial sphere which intersect each other at the poles; cf. Milton:

"Thrice the equinoctial line
He circled; four times crossed the car of night
From pole to pole, traversing each colure"—'P. L.' IX, 64-6.

136. **une fixe,** a fixed star; *le fixe* is used of a 'fixed salary'.

138. **Hipparque,** Hipparchus, the earliest systematic astronomer, born at Nicaea, flourished in the second century B.C. He determined the length of the solar year.

157. **prétendu,** note, IV, 96.

180. **l'écliptique,** 'the ecliptic', the circle of the celestial sphere which is the apparent path of the sun among the stars.

184-5, 191. **Clément Alexandrin,** Clement of Alexandria, a Christian Father of the 2nd century. **Méton** was an Athenian astronomer of the 5th century B.C. **Chiron** was a learned centaur to whom the education of Achilles was entrusted. V. does not treat him or the expedition of the Argonauts as legendary. These latter were the Greek heroes who in their ship, Argo, sailed to Colchis in quest of the Golden Fleece and, after many adventures, returned home victorious. The **Péloponèse** is the isthmus, now called the Morea, which forms the southern half of modern Greece. The war of the Peloponnesus was the long

struggle between Sparta and Athens, 431–404 B.C., which is recounted in great part by Thucydides, and which ended in the
discomfiture of Athens.

210. **se résoudre** =*se décider*, 'to decide, make up one's
mind',—*Qui ne peut se résoudre, aux conseils s'abandonne*—V.,
'Mérope', v, 3 ; =*se réduire*, 'to dissolve',—*le ciel en eau se résout;
résoudre =réduire*, 'to reduce',—*on résoud un corps en ses éléments*; =to solve,—*voilà le problème résolu; la question, la difficulté,
résolue*.

DIX-HUITIÈME LETTRE

Literature was V.'s supreme interest, both during his stay in
England and throughout his life, and to literature he devotes the
remaining seven Letters. The merit of these Letters is that they
revealed to French readers something of the richness of English
literature. English philosophy was already known in France.
With these Letters, French interest in English writers, which
has been and continues so profound, may be said to begin.
V. recognised that standards of taste, different from those accepted in France, might reasonably exist in other countries
(XXII, 129–31). In practice, however, he is prone to judge all by
French criteria, by regard for the three unities, and, above all,
by conformity with *le goût*, that blending of good sense and
good manners which, in his eyes, alone rendered a work great
and acceptable. But standards do change with place and time
and it would be easy now to contend that many of V.'s own
lighter productions are unseemly and deplorably lacking in taste.

3. **un théâtre...des tréteaux**,—'permanent stage...
trestles', *le théâtre portatif*.

5. **qui...des Anglais**; in a later edition V., to avoid a seeming
anachronism, substituted for these words *que les Anglais prennent
pour un Sophocle*, and the **deux cents ans** (l. 18) became *cent
cinquante ans*. Corneille's dates are 1606–84, Shakespear's 1564–
1616.

6. **Lope Felix de Vega Carpio**, 1562–1635, was a student,
a soldier—he served in the Armada—and a voluminous and
accomplished writer. Though many of his plays have been lost,
upwards of four hundred are extant and give proof of his invention and fertility. Later dramatists have profited by his
accumulations. Molière, for example, extracted from this rich
mine the plot of 'Le Médecin malgré lui'.

9. English critics of this period found fault with Shakespear
for his lack of taste and neglect of the 'three unities' of the
classical drama; "One would not talk of rules or what is regular

with Shakespear"—Rymer; "'Tis our fault, who succeeded him in an age more refined, if we imitate him so ill that we copy his failings only"—Dryden.

10. **hasardé**, 'bold'; *On sacrifie des traits noblement hasardés en cédant à d'impertinents critiques*—V.

16. **respectables**, the sense seems to require *respectés*.

20. **siffler**, 'to hiss' as well as 'to whistle'. Cf. *souffler*, 'to blow' and 'to prompt'.

28. **le théâtre** =*la scène*, 'the stage'.

29. 'Othello', v, 2, 122.

29–36. V.'s judgment is obstinately classical. Compare with it the romantic view, as expressed by Victor Hugo (Préface du 'Cromwell'): *C'est donc une des suprêmes beautés du drame que le grotesque....Il fera rencontrer l'apothicaire à Roméo, les trois sorcières à Macbeth, les fossoyeurs à Hamlet.*

35–6. **l'âge d'or des beaux-arts**: it was a time when French standards in literature and art were accepted in England and hence V.'s encomium. In the matter of prose, the period may well be styled *l'âge d'or*. English style was then first becoming lucid, cogent and terse. After the rambling and obscure paragraphs of Milton and Clarendon follow Dryden's easy and limpid sentences. The Royal Society required of its members "a close, naked, natural way of writing".

37. **Thomas Otway**, 1652–85. "Of his life", says Dr Johnson, "little is known, nor is there any part of that little that his biographer can take pleasure in relating." 'Venice Preserved' (1682) is considered his masterpiece. The judgment of modern criticism is thus expressed by Sir Edmund Gosse: "It is simply the greatest tragic drama between Shakespear and Shelley. Out of the dead waste of the Restoration...this one solitary work of supreme genius arose unexpected and unimitated".

58. **les grimauds** (no longer current), 'scribblers, disgruntled critics', orig. 'dunce, boy in lowest form'. L. translates: 'all your junior academical sophs'.

71. **qui est su de tout le monde**; V. would seem to have English readers in mind. Before the publication of these Letters, Shakespear was little known in France. The first translation of 'Hamlet' was the work of Jean-François Ducis, 1733–1816, the poet who refused the favours of Napoleon with the remark: *Il vaut mieux porter des haillons que des chaînes*.

76. **Dieux cruels**, in later editions, *Dieux justes*, which makes better sense. The phrase in any case is an interpolation. *Nos prêtres menteurs, une indigne maîtresse, un chrétien timide*, are also Voltairean figures and find no place in the original soliloquy.

100. **énerver le sens**, 'to weaken the sense'. V.'s rendering is a loose paraphrase. There is none of *la lettre* and not enough of the rich, melancholy beauty of the *esprit*.

103. **John Dryden**, 1631–1700, was the predominating figure among English literary men during the last twenty years of the 17th century. His fecundity (and V.'s also) must be admitted: he wrote, for example, upwards of twenty plays, some 30,000 lines of verse translation, and several thousand lines of verse in his 'Fables'. He was a craftsman of the first order, and, above all, a pioneer, and V. did not like pioneers in literature. His didactic and satiric poems have not been surpassed in our language; he began the practice of translation from the classics; in prose, he set a model of terseness and clarity. V.'s disparagement must not be allowed to dim the achievement of this great Englishman, who, in days of adversity, wrote of himself:

> "Who, not by cares, or wants, or age, deprest,
> Stems à wild deluge with a dauntless breast",

nor of this great poet who left us so many memorable lines, among them these:

> "The secret pleasure of the generous act
> Is the great mind's great bribe".

127. **l'enflure** (verb, *enfler*, 'to inflate'), lit. 'swelling, tumour'; hence, 'pride, elation, turgidity (of style)'.

128. **les échasses**, 'stilts'; often used fig. as here.

129. **guinder**, 'to hoist', cognate with Eng. 'to wind'; fig. *se guinder*, 'to be strained, bombastic',—*Il vaut mieux écrire froidement que de se guinder*—Vauvenargues.

132, 134. Bolingbroke shared V.'s high opinion of 'Caton d'Utique', note, VI, 25. **Joseph Addison's** 'Essays' are, of course, his supreme achievement. It is sufficient to repeat Dr Johnson's words: "Whoever wishes to attain an English style, familiar but not coarse, and elegant but not ostentatious, must give his days and nights to the volumes of Addison". Two lines at least of his 'Cato' have escaped oblivion:

> " 'Tis not in mortals to command success,
> But we'll do more, Sempronius, we'll deserve it".

139. **viser à qqch.**, ⟨videre (to see), visum, fig. 'to show a tendency towards, have in view'; *viser =coucher en joue*, 'to take aim at',—*on vise un gibier*; also *=examiner,—viser un passeport*; **le galimatias**, note, II, 16.

163. **Marly-le-Roi**, six miles north of Versailles; here Louis XIV built a château, of which Mansard was the architect. It was destroyed during the Revolution.

DIX-NEUVIÈME LETTRE

3. **M. de Muralt**, note, XIV; also IX, 159; X, 47.

6. **Thomas Shadwell**, 1640–92, a dramatist whose plays, with their skilful characterisation and topical flavour, gave much entertainment to his contemporaries. Pepys saw his comedy 'The Sullen Lovers' in 1668 and, though he blames the lack of "design", found in it "many good humours". His reputation has suffered as a result of his quarrel with Dryden, who made him the subject of his satire 'MacFlecknoe' and branded him with the lines:

> "The rest to some faint meaning make pretence
> But Shadwell never deviates into sense".

7. **les honnêtes gens**, note, VI, 44.

15. **William Wycherley**, 1640–1715, ranks first among the dramatists of his time as a writer of dialogue and creator of character; in cynicism and coarseness also he surpasses his contemporaries. V. here reviews his comedies 'The Plain Dealer' and 'The Country Wife'.

29. **le mépris**, note, I, 112.

36–7. **Pénélope**, the wife of Ulysses; **Caton**, note, VI, 25; the one is looked on as a pattern of wifely constancy, the other as a model of austere virtue.

39. **cette femme de bien**, note, IX, 119.

46. **sauter** =*bondir*, 'to jump'; *faire sauter*, 'to blow up, explode'; trans. =*franchir*, 'to jump, skip, pass over, fry (toss in pan)',—*sauter un fossé—une page; faire sauter des pommes de terre.*

63. **larder**, ⟨le lard (bacon), cf. Eng. 'larder', lit. 'to insert slips of bacon in beef, etc.'; fig. 'to interlard, lard with',—*larder son livre de mots latins*; cf. *entrelarder*, used similarly but as culinary term, more general in meaning,—*entrelarder de clous de girofle*, 'to season with cloves'.

64. **la comtesse de Pimbesche**, character in Racine's comedy, 'Les Plaideurs', type of the incurably litigious woman; a century before Racine, *pimbesche*, now *pimbêche*, was used of *une femme impertinente, pincée et grincheuse.*

70. **un drôle** [*un homme*] **à bonnes fortunes**, 'a knave of a lady-killer' (L.).

83. **Sir John Vanbrugh**, 1664–1726, soldier, playwright and architect, was a robustious and rather gross personage, very conspicuous in his day. His imprisonment in France lasted in all upwards of two years and no explanation has been found for it beyond a vague story that he was travelling without a pass-

port. In memory of his incarceration, he called his house at Blackheath 'The Bastille'. It still exists under the name of Vanbrugh Castle. His play-writing covers some nine years of his life from 1696 onwards. Afterwards he devoted himself to architecture and the mock epitaph, written by Abel Evans, expresses the general opinion of his achievement in this field:

> "Under this stone, reader, survey
> Dead Sir John Vanbrugh's house of clay,
> Lie heavy on him earth for he
> Laid many heavy loads on thee!"

88. At Woodstock, eight miles north of Oxford. **Hochstædt**, village adjacent to Blenheim, gives its name to the battle in French history.

90. The great height of the rooms is said to take away from their apparent size. As regards their actual size, some of the smaller reception rooms are 30 feet square.

100. **essuyer**, see note, VI, 18.

103. **William Congreve**, 1670–1729; trained for the law, his life was of a more tranquil kind than that of other playwrights of his period; he lived, as he said, *très uniment*, and died unmarried and rich. Modern criticism, in general, agrees with V. and accepts him as one of the greatest masters of the comedy of repartee. V. refers to him as *feu M. Congreve* because of his recent death, Jan. 1728. **feu** = *défunt*, 'late, deceased'; cf. Eng. 'defunct'.

106. 'They are remarkable for subtle characterisation'; **nuancé**, lit. 'shaded, tinted'; noun, *la nuance*, ⟨nuer, nue (of shades of colour in clouds), 'shade, variation, minute difference', —*Le mot c'est la nuance, et la nuance, c'est tout*—Barbey d'Aurévilly.

108. **le langage**, 'manner of expression, language, style'; cf. *la langue*, 'tongue, language (peculiar to a nation)'.

127–8. **Jean-Baptiste Lulli**, 1633–87, of Italian birth, the founder of French opera, in V.'s phrase, *le père de la vraie musique en France*; **Giovanni Battista Buononcini**, 1668–1758, an Italian composer who spent several years in England.

129. **Dr Richard Mead** was Sir Isaac Newton's doctor and Queen Caroline's, and an acquaintance of Voltaire. It was he who successfully inoculated the criminals (XI, 110–17). **Jean-Claude-Adrien Helvétius** (father of the philosopher Claude-Adrien Helvétius) and **Jean-Baptiste Silva** were distinguished French doctors living at this time.

131. **le chevalier Steele**, Sir Richard Steele, 1672–1729, is remembered for his 'Essays' rather than for his comedies and political pamphlets. The founder of 'The Tatler', the forerunner

of 'The Spectator', he enjoyed the friendship and support of his old schoolfellow, Addison, though he may underestimate his own achievement when he writes: "I was undone by my auxiliary; when I had once called him in, I could not subsist without dependence on him". **Colley Cibber**, 1671–1757, as actor and dramatist, he improved both the surroundings of the theatre and the type of performance. As poet-laureate, he brought ridicule on himself and his office. He was appointed because of his ardent support of the Hanoverian succession.

137. **partisan**, note, VII, 47.

142. "This noted author's [Voltaire's] acquaintance with the laureate brought him frequently to the Drury Lane Theatre, where he confessed he improved in the English orthography more in a week than he should otherwise have done by laboured study in a month. I furnished him every evening with the play of the night which he took with him into the orchestre: in four or five months he not only conversed in elegant English but wrote it with exact propriety"—W. R. Chetwood, 'General History of the Stage', 1749.

144–6. See also XXII, 28–30.

150. **Œdipe, Électre**; 'Œdipus, Electra',—tragedies of Sophocles.

VINGTIÈME LETTRE

8. **actuellement** =*présentement, au moment où l'on parle*, 'at the present time'; cf. *réellement, en effet*, 'actually'.

10. **la mode...reviendra**; V.'s contention is that literature was no longer cultivated and esteemed as it had been in the reign of Louis XIV. It was a comparison of this kind which led him to write his 'Siècle de Louis XIV'.

13. Muralt had asserted: *La plupart [des Anglais] négligent les manières et les agréments mais ils cultivent leur raison.*

15. The Lords and Commons together in 1728 numbered 742.

23. **malgré qu'on en ait** = *malgré soi*, 'in spite of oneself, however little one wishes'.

31. **un seigneur anglais**; later editions give his name (l. 41) as *milord Hervey*—John, Lord Hervey of Ickworth, 1696–1743. He was a politician, a man of fashion and a prolific writer, chiefly of pamphlets. He supported Sir Robert Walpole and enjoyed the friendship of Queen Caroline and of Lady Mary Wortley Montagu. He was Lord Privy Seal, 1740–2. Soon after his appointment V. wrote to him a well-nourished letter concerning *mon essai sur le siècle de Louis XIV*. V. begins with the charming compliment, *Vous voilà fixé en Angleterre, c'est*

une raison pour moi d'y voyager encore, but the larger part of the letter consists of a eulogy of Louis XIV: *non seulement il s'est fait de grandes choses sous son règne, mais c'est lui qui les faisait.* It was to Lord Hervey's wife, the beautiful Lady Mary, that V., during his sojourn in England, wrote the lines beginning:

> "Hervey, would you know the passion
> You have kindled in my breast?"

No other example of his English verses has come down to us.

34. **John Wilmot, Earl of Rochester** (XXI), 1647–80, famous at the court of Charles II for his wit and for his excesses. He died very young and repentant. Bishop Burnet, who attended him at the last, relates his last conversations, in 'Some Passages in the Life and Death of the Earl of Rochester', a work which Dr Johnson commends to the notice of the critic, the philosopher and the saint. Everyone has heard Rochester's mock epitaph on Charles II, beginning: "Here lies our sovereign lord the King Whose word no man relies on...". V. entered a version of it in his curious little notebook, written entirely in English and, seemingly, during his stay in England. On the death of V., the Empress Catherine of Russia purchased his library and it was at St Petersburg that the book was unearthed in 1914. It contains also remarks that were afterwards incorporated in these Letters, for example V, 32–35; VI, 52–4.

35. **Jean-François Sarazin**, 1603–54, belonged to the household of the Prince de Conti and was a popular *écrivain de salon*; **Claude-Emmanuel Chapelle**, 1626–86, a friend of Racine and La Fontaine, was also a writer of light verse; **Guillaume, abbé de Chaulieu** was a notorious hanger-on of princes and writer of *poésies libertines*.

39–66. The art of quotation as practised by V. is to be noticed. Here he finds opportunity not only to display the talent of a noble lord but also to condemn the manner of life of Italian ecclesiastics.

69. **Horace et Juvénal**, the Latin poets of the first century before, and the first century after Christ, respectively.

73. **manquer** =*ne pas atteindre*, 'miss',—*manquer le but, son coup; manquer à qqn., à qqch.*,'fail, be wanting',—*Toutes les bonnes maximes sont dans le monde, on ne manque qu'à les appliquer*—Pascal; *A qui ai-je manqué dans la moindre chose?*—Rousseau; *que vous m'avez manqué!* 'how I have missed you!' *manquer de qqch.* =*être à court de qqch.*, 'lack, be without',—*Vous ne pouvez ni manquer d'occasions, ni leur manquer*—Fontenelle. Notice also, 'to be lacking',—*Tout manque si l'intérêt manque*   V.

VINGT ET UNIÈME LETTRE

4–9. **le comte de Rochester**, note, XX, 34. Saint-Évremond claimed that Rochester had more wit than any man in England. Herr Johannes Prinz in an exhaustive study of this famous lord, Leipzig, 1930, also upholds V.'s view of him.

Charles de Marguetel de Saint-Denis, seigneur de Saint-Évremond, 1616–1703, soldier, courtier, wit and scholar, took up his residence in England, 1661, in order to avoid imprisonment by way of punishment for a satirical letter he had written concerning the *traité des Pyrénées*, 1659, and its negotiator, Cardinal Mazarin. Charles II welcomed him to his court and appointed him to the office of Keeper of the Ducks in the Decoy in St James's Park, to which responsible post a salary of £300 a year was attached. His duties did not require a knowledge of English and he never learnt the language. He made friends among English courtiers and French refugees and, when permission was granted him to return to France, 1689, he did not avail himself of it. He died in 1703 and was buried at Westminster. As a writer, Prof. Saintsbury recognises in him, and his application of the ironic method to serious and practical subjects, a link between Pascal and Voltaire, and further, "in his use of this method in fashioning light essays conveying important conclusions, a link of perhaps still more importance between Montaigne and Addison". As a man, his friend and biographer, Des Maizeaux, thus describes him: "Although he did not pretend to over-rigid morals, yet he had all the qualities of a man of honour. He was just, generous and grateful; and full of goodness and generosity".

12. **Despréaux**, note, XIII, 122.

15, 25. **voici comme**, following modern usage, *voici comment*.

17. **de vapeurs légères**, 'idle whimsies of the brain' (L.). Cf. 'vapours' and 'vapid'; now usually in the singular: *la vapeur*, 'steam',—*filer à toute vapeur; le vapeur =le bateau à vapeur*, 'steamer'. Note, XXII, 72.

20. **le dixième ciel**, 'the heaven of heavens', a jesting reference to the theory of the universe before Copernicus, which postulated nine or ten heavens. Cf. *ravi au troisième, au septième, ciel*; and Shakespear: "the brightest heaven of invention".

28. **la gêne**, 'restraint'; orig. 'torture', hence 'uneasiness, embarrassment, constraint',—*où il y a de la gêne, il n'y a pas de plaisir; on met l'esprit à la gêne*, 'one racks one's brains'; *on a connu la gêne =la pauvreté*; verb, *gêner,—tout homme gêné est un homme gênant*, 'shyness is catching'. V.'s diffidence is not

without justification. He gives here a paraphrase of several passages from 'A Satire against Mankind', adding some ideas of his own. Rochester's last six lines are as follow:

> "And we have modern cloister'd Coxcombs, who
> Retire to think, 'cause they have nought to do.
> But thoughts are given for Action's Government;
> Where Action ceases, Thought is impertinent.
> Our sphere of action is life's happiness
> And he who thinks beyond, thinks like an Ass".

40. **les fers**, note, IX, 84.

46. **éclaircir**, note, IV, 35.

54. **croupir** = lit. *être sur la croupe* (crupper), 'to wallow, stagnate',—*dans l'ignorance*; cognate with *s'accroupir*, 'to squat, crouch'; and with *le groupe*, lit. 'people crowded together', 'group'.

61. **quitter ici le pinceau pour le compas**, note, IX, 8. **unique**, IV, 7.

64. **Edmund Waller**, 1605–87, the most affluent of English poets (l. 132) and perhaps the only teetotaller among them. He was something of an orator and sat in various Parliaments. He failed in an effort to support both parties in the Civil War and escaped punishment only by betaking himself to the continent. Cromwell allowed him to return to England and one of his best poems is the funeral ode 'to the late Usurper', which V. praises. In character, he appears to have been selfish and vacillating, though possessed of charm and wit. As a poet he claims notice, not so much for his smooth and elegant verse, as for his use of the 'pointed' heroic couplet, a form, revived by him, which remained popular throughout the following century. An example is taken from 'The Battle of the Summer's Islands':

> "With candied plantains, and the juicy pine,
> On choicest melons and sweet grapes they dine".

65. **Jean de La Fontaine**, 1621–95, wrote stories, poems and plays, but it is as a writer of fables that he is incomparable. Of the galaxy of writers of the age of Louis XIV, it is he who has been read most of all, and who has enriched the language with the largest number of household words. He has been called *l'éducateur de toute la jeunesse française*. The young have read him perforce. It is probably the mature, for whom he wrote, who have most enjoyed him. He gave new life to the fable, made a little drama out of it, gave it point, actuality, music, and a poet's personal touch and charm. Notes, 75, 86, infra.

Saint-Évremond, note, XXI, 2. **Bayle**, VII, 52; VI, 44.

68. **Vincent Voiture**, 1598–1648, a *bel-esprit* of the 17th

century. Of plebeian birth, he depended on the favour of
Gaston, *duc d'Orléans*, Richelieu and others. He was a writer of
occasional verse and also of letters which were highly prized in
his lifetime. In 1638, when he wrote his sonnet to *Uranie*, he
disputed with Benserade, the writer of a sonnet on Job, the title
of foremost poet of the day. But his writing was of a 'precious'
type, which aroused admiration only in his own age.

75. **cette aurore**, the dawn of the age of Louis XIV, the period
of Pascal, Molière, Boileau, Bossuet, Racine, La Rochefoucauld,
La Fontaine, Mme de Sévigné, Fontenelle, Fénelon, La
Bruyèer, Bayle.

85. **Jean Regnault de Segrais**, 1624–1701, writer of
Églogues and *Élégies*. He was a friend of Mme de La Fayette
and helped her in the composition of her famous novel, 'La
Princesse de Clèves'. **Philippe Quinault**, 1635–88, wrote the
libretti of Lulli's operas; Boileau remarks of him:

> Les héros chez Quinault parlent bien autrement,
> Et, jusqu'à 'Je vous hais', tout s'y dit tendrement.

86. V. found much to admire in La Fontaine who, like himself, *a su jeter en circulation une quantité d'idées justes et hardies*—
Lafenestre. He calls the fables *un ramas de chefs-d'œuvre*.
Though Boileau and La Fontaine were members together of the
cénacle which included Molière and Racine, they had little in
common. Dogmatic and narrow, lawgiver and purist, Boileau
would scarcely be in sympathy with the poet who took every
sort of liberty with prosody, with language, and with grammar,
and whose only rule was to charm: *Je n'appelle pas gaîté ce qui
excite le rire mais un certain charme, un air agréable qu'on peut
donner à toutes sortes de sujets même les plus sérieux*—'Préface des
Fables'.

118. Bayle enlivened his 'Dictionnaire' with anecdotes. He
accepted the principle: *Pour digérer le savoir, il faut l'avoir avalé
avec appétit*—A. France.

120. **farcir**, orig. a culinary term, 'to stuff',—*farcir un
poulet, les tomates farcies*; fig. 'to cram',—*Le fatras dont je
m'étais farci la tête*—J.-J. Rousseau; cognate with 'farce', which
was, originally, an interlude stuffed in between acts of a longer
play.

121. **nous autres poètes**, 'we poets'; *autres* is used with
nous and *vous* for emphasis; *nous, vous*, are thus set apart from
other people,—*Nous autres Français, nous avons tous des qualités
séduisantes*—Gaffarel.

134–5. **Charles Sackville, 6th Earl of Dorset**, 1638–1706,
was conspicuous among the friends of Charles II and not always,
therefore, a model of decorum. He was a poet and a friend of

poets. He assisted Dryden when that poet's fortunes, on the accession of William III, were at their lowest ebb, and also the youthful Matthew Prior, not yet emerged from his uncle's wineshop (note, XXII, 4). He wrote the famous ballad—according to tradition, at sea, in 1665, during the first Dutch War,—which begins:

> To all you Ladies now on Land
> We men at sea indite;—
> But first would have you understand
> How hard it is to write.

Wentworth Dillon, 4th Earl of Roscommon, 1633–85, translated Horace's 'Ars Poetica' into blank verse and, though one of Charles II's courtiers, was the first critic to praise publicly Milton's 'Paradise Lost'. **George Villiers, 2nd Duke of Buckingham**, 1628–87, vigorous and quarrelsome, Dryden's 'Zimri', he wrote satires and a comedy 'The Rehearsal' in which he ridiculed contemporary drama. **John Sheffield, 1st Duke of Buckingham and Normanby**, 1648–1721, 'the muses' friend, Himself a muse', wrote in heroic verse an 'Essay on Satire' and an 'Essay on Poetry'. **George Savile, 1st Marquis of Halifax**, 1633–95, the statesman who, 'with large yet cautious mind', took a leading part in the Revolution of 1688. A wit, a man of probity and vivacity, he was also a consistent champion of toleration and liberty. He excelled as a pamphleteer and by such writings as 'The Character of a Trimmer' wielded much influence. His other writings include 'Miscellanies, Historical and Philological', and a masterly 'Character' of Charles II. Mr Pearsall Smith describes his aphorisms as among the best in our own or any language. Space must be found for three of them: "A Man who is Master of Patience is Master of everything else "; "A Man must stoop sometimes to his ill Star but he must never lie down to it"; "They who are of opinion that money will do everything may well be suspected to do everything for Money".

136. **déroger** (intr.) =*faire une chose indigne*, 'to stoop, act beneath one's dignity',—*Un seigneur peut servir un poète...vous le pouvez sans déroger*—Banville, 'Gringoire', Sc. 4; *déroger à son rang, à son caractère*, 'to act unworthily of one's rank, one's character'.

VINGT-DEUXIÈME LETTRE

4. **Matthew Prior**, 1664–1721, was of humble birth but found a generous patron in Charles, Earl of Dorset. From Westminster School, he went to St John's College, Cambridge,

where eventually he gained a fellowship. Through the influence
of his friends he came under the notice of William III who found
occupation for him in diplomacy. He was a Tory in Queen
Anne's reign and was foremost in the making of the Peace of
Utrecht, an achievement which gained for him two years' imprisonment when the Whigs triumphed under George I. Prior
himself declares that his poems are "the product of his leisure
hours". He is, nevertheless, no mean poet. He excelled in
epigrams and humorous lyrical poems, in the form of verse,
that is, in which Voltaire himself is *passé maître*.

17. **Hudibras**: V. added to this Letter in later editions and
summarised in eighty lines of French the first four hundred
lines of the poem. Samuel Butler, the author of the poem,
1612–80, was the son of a Worcestershire farmer. An able man,
well-educated and travelled, he was of a cynical temper, his
opinion of mankind was low, he had no fervent loyalties, and
only a small measure of affluence and comfort fell to his lot. He
was clerk to justices of the peace, and one of these, Sir Samuel
Luke, a Bedfordshire knight, served as his model for 'Hudibras'.
The first part of the poem, published in 1663, made him popular
with the Royalists but it did not enrich him and eventually he
died in poverty. His poem is roughly modelled upon 'Don
Quixote' and he succeeds in his object, which was to make
nonconformity ridiculous. Though it is rambling, verbose and
inconsequent, it contains many vivid passages, much learning
and wit, some really poetical lines, and a few couplets not yet
forgotten, such as these:

> "But Hudibras, who scorned to stoop
> To fortune, or be said to droop,
> Cheer'd up himself with ends of verse
> And sayings of philosophers."
> "For loyalty is still the same
> Whether it win or lose the game;
> True as the dial to the sun
> Although it be not shined upon."

19. **Don Quichotte**, the immortal romance of Cervantes,
1547–1616.

La Satyre Ménippée, 1594, a political manifesto compiled by
supporters of Henri IV. The leaders of the Catholic League
were caricatured and Henri was vaunted as: *notre vrai roi,
légitime, naturel et souverain seigneur*. The method of ridicule
adopted was that of making the persons attacked condemn themselves with their own lips. The *Satyre* takes its name from
Ménippe, the Greek cynical philosopher, 3rd century B.C.

20. **fondus ensemble**, 'blended together'. Note, IX, 22.

32. **Jonathan Swift**, 1667–1745, was born in Dublin and was a graduate of Trinity College, Dublin. His father was of English birth and the son also claimed to be an Englishman and counted his residence in Ireland exile. He was ordained in 1694. He spent some years in the household of Sir Wm Temple and during this time wrote his two satires, the 'Battle of the Books' and the 'Tale of a Tub', the one an apology for ancient learning as contrasted with modern, the other a denunciation of shams. At Sir Wm Temple's house began his friendship with Esther Johnson (the 'Stella' of his journal) which ended only with her death. He next obtained ecclesiastical preferment in Ireland and was thus provided with a small fixed income. He spent much time in London and was a great figure in literary circles and in the counsels of the Whigs. He was nominated Dean of St Patrick's, Dublin, in 1713. 'Gulliver's Travels', a satire on the vices of men in all countries, was written in the years 1720–6. After 1728, he never left Ireland and his last years were marked by suffering and decay. Swift was a man of powerful intelligence who felt that his gifts were not sufficiently appreciated or adequately rewarded. He suffered much from ill-health and met with little happiness in his private life. Hence his pessimism and misanthropy. He ranks as a master of English style, the easy, flowing style of the best conversation.

33. **Rabelais, le curé de Meudon**, note, v, 100. V.'s opinion in later years was less unfavourable: *C'est le premier des bons bouffons....Je me repens d'avoir dit autrefois trop de mal de lui*—'Lettre', 1760.

50. **le choix**, 'power of selection, discrimination'; also 'choice, pick',—*voilà le choix de mes livres aussi bien que le rebut,—ce sont des fruits de premier choix*; 'choice, option, will',— *Chacun peut, à son choix, disposer de son âme*—Racine, 'Andromaque', III, 2.

53. **son partage**, 'comes naturally to him, is his peculiar characteristic',—*Croyez-vous donc avoir tant d'esprit en partage?* —Molière, 'Misanthrope'; also 'division, partition',—*on fait le partage des terres*.

57. **Alexander Pope** was born in London in 1688. His father was a linen merchant who made a fortune of moderate size and retired to Binfield, Windsor Forest. In this romantic environment, Pope spent his studious boyhood. He "lisped in numbers, for the numbers came". At the age of 24, he published the 'Rape of the Lock' (*La Boucle de Cheveux*), a playful poem, of which the theme is the theft by Lord Petre of a lock of hair from the head of his sleeping betrothed, Miss Arabella Fermor, and the poem brought him immediate fame. At the age of 32, his translation of the 'Iliad' made him affluent, in fact, rendered

him independent,—*Il installa la profession littéraire en Angleterre dans la dignité et au rang qu'elle possède aujourd'hui*— Beljame. His latest biographer, Miss Edith Sitwell, is of one mind with V. in her estimate of his verse: "within the unvarying structure of the heroic couplet, [he produced] a thousand variations in speed, a thousand differences in texture, height and depth". As a man, he was prone to duplicity, perhaps to spite and vindictiveness. It is contended that his disposition, naturally warm-hearted and compassionate, was soured by ill-health, by bodily deformity, and by adverse and unjust criticism.

63. **du ressort de...**, 'common to, come within the province, or purview, of...'. Note, XIII, 69.

70. **rechigner** =*faire les choses de mauvaise grâce*, cont. *faire volontiers,—rechigner devant une tâche*, 'to do reluctantly'; *rechigné* =*maussade*, 'surly, glum'. The translation is from Canto IV, line 13 onwards.

71. **renfrogner** =*plisser la figure en signe de mauvaise humeur*, cognate with 'frown', Celtic frogna, 'nostril'—with idea of haughty grimace; *renfrogné*, 'scowling, sullen'.

72-4. 'The cave of Spleen'; **les vapeurs**, *le spleen*, 'hysteria, hypochondria'; the vapours or humours of the body were held to determine the temperament, the spleen (σπλήν) was regarded as the seat of melancholy feelings.

75. **l'aquilon** = *vent du nord*, ⟨aquila, 'eagle', because of its violence; in the original however the wind is east,—"The dreaded East is all the Wind that blows".

80. *la quinte*, 'fit of coughing', supposed to recur every five hours; hence, recurrent 'bad temper, whim, vagary'; **quinteux**, 'crotchety, peevish'.

incessamment = *sans cesse*, and also *à l'instant*, 'continually; immediately, forthwith',—*On me mande que le roi vient incessamment*—Mme de Sévigné.

83. **le teint**, 'complexion', ⟨tinctus, tingere =' to dye'; *la teinte*, 'tint'; *la complexion*, 'constitution',—*d'une complexion robuste*.

l'hypocondre = *le malade imaginaire*, 'hypochondriac'; also 'hypochondrium', part of abdomen. The original text gives far fewer details:

> "She sighs for ever on her pensive bed,
> Pain at her side, and Megrim at her head".

84, 88, 89. **assise, penchée, couchée**, 'sitting, etc.'; English requires the present participle to express attitudes of the body, French the past participle.

87. **chansonner** = *attaquer dans des chansons*, 'to lampoon'.

90–1. **qui grasseye...et lorgne,** 'practised to lisp and hang the head aside'; *grasseyer*, lit. *prononcer dans la gorge la lettre r; lorgner*, 'to ogle, cast sly glances', ⟨*lorgne* = *louche*, 'squinting'.

98. **le Lutrin,** a work of Boileau, a poem of the mock heroic kind, an example of a burlesque in which vulgar persons adopt heroic language. The subject is a quarrel among ecclesiastics concerning the position of *le lutrin*, 'the lectern'.

99. **bien honnêtement** (in this sense, old-fashioned) = *suffisamment, assez; honnête*, in keeping with probity and, also, with good manners, 'honest, courteous', (and hence) 'adequate', —*une récompense honnête, une aisance honnête*, 'an adequate fortune'. Note, VI, 44.

100.. **toucher un petit mot,**—*quelques mots de qqch*., 'say a few words about something'; *toucher une question*, 'touch upon'; *toucher* = *recevoir*,—*toucher une somme d'argent; être touché dans un duel, au football*, 'wounded, hurt'; *touché, bien touché!* 'well said! a good point!'; *toucher à qqch*., 'touch, meddle with, approach',—*défense de toucher aux objets exposés*,—*on touche à sa fin*.

102. This was Rapin de Thoyras, who published, 1724–35, 'L'histoire de l'Angleterre', in thirteen quarto volumes. (Line 118, infra.)

106. **le trouble,** the original idea is of 'thronging, confusion', ⟨*turba*,—*le trouble des sens*; adj., *trouble* = *peu clair*,—*pêcher en eau trouble, avoir la vue trouble*, 'not to see clearly'; verb, *troubler*, 'to upset, disturb, agitate, make muddy',—*troubler le sommeil, une fête, l'esprit, l'eau*.

décrédité, now written *discrédité*.

110. **Blaise Pascal,** 1623–62, 'a man of amazing genius: rare combination, he was also a saint' (Mme Duclaux), attacked the casuistry of the Jesuits in his 'Lettres provinciales', 1657.

111. **Louis Bourdaloue,** 1632–1704, has been called *une vivante réponse aux Provinciales*—Strowski. He was a Jesuit preacher, saintly in his life and convincing in his eloquence, *Mon dessein*, he said, *est de convertir votre raison*. Judged by his effect upon his hearers, he was the greatest preacher of his time. Note, VI, 51.

115. **un factum,** an ancient law term, 'statement of a case'; hence 'memoir', written to attack or defend, 'an ex-parte statement'.

116. **Thomas Gordon** found recreation from his labours as a Whig journalist in the study of Latin historians. He published a translation of Tacitus in 1728.

125. **emprunter d'eux;** used lit. *emprunter qqch. à qqn.*; used fig. as here, *emprunter qqch. de qqn*. This appears to be the modern usage. Littré (1885) allowed *de* or *à* before a person as

object, only *de* before a thing,—*le soleil emprunte sa lumière du soleil*; but one says: *J'ai emprunté des livres à la bibliothèque.*

126–31. Again, in a letter written more than forty years later, V. says: *Les Italiens sont les premiers qui aient retiré les arts de la barbarie.* It was in Italy that the Renaissance had its beginning; in the spirit of inquiry, showing itself in philosophy, science, literature and art, in geographical discovery, in the dissemination of Greek and Latin books, the Italians were in the vanguard, and among their leaders they counted Copernicus, Galileo, Macchiavelli, Pico della Mirandola, Leonardo da Vinci, Michael Angelo, Raphael and Columbus.

VINGT-TROISIÈME LETTRE

In this Letter, V. contrasts the independence and affluence of English writers with the penury, or subservience, of French *gens de lettres*. The profession of letters had been becoming more profitable in England since the rise of Jacob Tonson, the first publisher, from 1678 onwards. Mention has been made of the fortune which Pope won for himself by his translation of Homer. Literary men in England benefited also from the need which the government of the day had of their services. It is perhaps this last consideration which most of all impressed Voltaire.

14. **avouer**, note, I, 113.

16. **l'impossible découverte:** V. underestimated English ingenuity and persistence. The reward was offered in 1714. It was desired to provide sailors with a ready means of ascertaining the position of a ship at sea, the need for which had been felt since ocean navigation began in the 16th century. By observation of the heavenly bodies and with the aid of a sextant, latitude was discoverable. The problem was to ascertain longitude. The instant of noon could be determined by observation of the sun. Given this knowledge and a clock so accurate, in varying temperatures and conditions, as to show the time at Greenwich, and it would be possible to calculate the longitude. In 1764, after thirty years of experiment, Thomas Harrison invented a marine chronometer which gave a result within one degree, and received a reward of £20,000. A further reward of £10,000 was offered in 1774 for a timepiece which would give a result within half a degree. This sum was eventually divided between Thomas Mudge, John Arnold and Thomas Earnshaw. The marine chronometer in use to-day is substantially the instrument devised by Earnshaw. The only distinctive feature of Harrison's timepiece which is embodied in the modern marine chronometer is the maintaining spring in the fusee.

25. **on lui aurait fait des affaires** = *on lui aurait créé des ennuis*, 'they would have made things unpleasant for him'; in current language, *faire des affaires* = *faire du commerce*, 'to do business'.

28–31. **Newton** was Master of the Mint, **Congreve** Secretary for Jamaica, and **Swift** Dean of St Patrick's, Dublin.

32. **Pope** remained faithful to the Roman Catholic religion in which he had been brought up. His translation of Homer resulted in a profit of £9000. The knowledge of this financial success prompted V. to publish his 'Henriade' in England. The £2000, obtained by the publication of this work, and his patrimony, formed his original capital, which, by dint of money-lending and speculation, became in time a considerable fortune. *M. de V.*, says Condorcet, *n'éprouva jamais le malheur d'être obligé de renoncer à sa liberté pour assurer sa subsistance*.

36–9. Prosper Crébillon was the author of the lugubrious tragedy, 'Rhadamiste et Zénobie' (1711); Louis Racine, 1692–1763, is here referred to as **le fils d'un des plus grands hommes**, his father was the great dramatic poet Jean-Baptiste Racine; **Guy-Crescent Fagon**, d. 1718, was *premier médecin du roi Louis XIV, et directeur du Jardin des Plantes*.

46. Newton's pall-bearers were 'six noble peers', fellows of the Royal Society: the Lord Chancellor, the Dukes of Montrose and Roxburgh, the Earls of Pembroke, Sussex and Macclesfield; **porter le poêle**, the modern expression is *tenir les cordons du poêle; le poêle* (⟨pallium, 'a mantle'), 'pall'; *la poêle* (⟨patella, 'a plate'), 'frying-pan'; *le poêle* (⟨pensilem, 'something suspended'), 'a stove'.

57. **redire** = *répéter*, but also in infin. with *à* = *reprendre, corriger,—on trouve à redire à tout*, 'one finds fault with everything'.

58. **Nance Oldfield**, 1683–1730, the most popular actress of her day. She is described as beautiful, her voice is said to have been silvery, she improved continually in her art—'her excellence was never at a stand'—she was without petulance or arrogance, she was versatile, elegant, and reasonable,—worthy in fact of burial at Westminster.

63. **la voirie**, 'commission concerned with public roads; place where refuse is thrown'; *jeter à la voirie*, 'bury in a ditch, bury without proper respect'.

Adrienne Lecouvreur, 1692–1730, won success on the stage by her natural diction, her passion and fascination. She excelled above all in tragic rôles, such as those of *Athalie* and *Phèdre*. V. was among her ardent admirers. As an actress, she was refused burial by the *curé de Saint-Sulpice* and was interred by her friends at night at a corner of the *rue de Bourgogne*.

V. expressed his indignation and sorrow in the poem of which
we quote two lines:

> Ils privent de la sépulture
> Celle qui dans la Grèce aurait eu des autels....

67. *l'église abbatiale de* **Saint-Denis**, burial-place of the
Kings of France.

69. **retrancher**, 'to cut off, curtail, suppress',—*on retranche
des branches d'un arbre, le tabac, les pensions,*—*les impies seront
retranchés de dessus la terre; se retrancher* = *diminuer sa dépense,
vivre avec plus d'économie,* 'to economise'.

75. **les spectacles**, note, I, 138; **d'autant plus**, note, VII, 4.

76. Henriette-Marie de France, 1605–69, wife of Charles I,
was the daughter of Henri IV and his second wife, Marie de
Médicis.

78. **William Prynne**, 1600–69, was a graduate of Oriel
College, Oxford, and a barrister but not a doctor. He was an
indefatigable writer, fanatical in his aversions, a 'besting' character, a 'censor morum' of the severest type. In the course of
his career, he attacked not only actors but also church people,
Papists, Quakers, Presbyterians, Independents, Jews, the Army,
the Parliament, people who drank healths, who used cosmetics,
men who wore their hair long and women who wore it short.
le fort mauvais livre to which V. refers is his 'Histrio-Mastix:
the Player's Scourge' (1632). It contains upwards of 1000
pages and V. may be excused some inaccuracies in his summary
of it. M. Lanson writes: *Je n'en ai pas rencontré de Saint Bonaventure.... Je n'ai pas découvert d'allusion à César.* Nero however is cited as incurring unpopularity by acting in plays.

80. The Anglican clergy wore very long cassocks in public,
a costume which Prynne thought idolatrous.

87. **le Malin**, *le diable*, 'the evil one, the devil'.

92. **assister**, note, II, 45.

93. **le chrême**, 'chrism', consecrated oil used in baptism,
ordination and extreme unction; the word is cognate with
'cream'.

98. **la chambre étoilée**, 'the Star Chamber'.

100. **un acte**, 'deed, decree, certificate',—*acte de naissance,
de décès; les actes,* 'records, transactions'.

101. **flétrir**, orig.' to brand with a hot iron'; fig.' to stigmatise,
disparage'; root uncertain, but not cognate with that of *flétrir* =
faner, rendre flasque, 'to wither, blight'. Cf. Eng. 'flaccid'.

102. **le signor Senesino** and **la signora Cuzzoni** both
sang in opera in London between the years 1721 and 1733.

104. Pascal and Bossuet both wrote against stage-plays and
players. **Le père Lebrun** (l. 123) of the *Congrégation de l'Ora-*

toire published in 1694 *un discours sur la comédie*, in which he summarised the adverse judgments of the Fathers concerning acting. This work was republished in 1731 and V. very probably had it in mind when writing this Letter.

108. **gager** =*parier*, 'to wager, bet'; =*payer (un serviteur)*, 'to hire, give wages to'.

110. Racine wrote his plays 'Esther' and 'Athalie' for the girls of the school at Saint-Cyr-l'École, in which Louis XIV and Mme de Maintenon were interested. Plays were often performed in the Jesuit colleges at this time and V. himself may have taken part in theatrical performances, when a pupil at the *collège Louis-le-Grand*.

111. Louis XIV danced, attired as a gypsy, in the ballet which formed part of Molière's 'Mariage forcé', 1664. In the early years of his reign, Louis XV was present, sometimes, at the public *bal d'Opéra*, and he took part in the balls which he gave at the Tuileries.

112. **revues par les magistrats**, c.-à-d. *examinées par les censeurs*.

113. **une reine vertueuse**, Marie Leczinska, wife of Louis XV. *La grande vertu de la Reine et sa piété vraie et solide la mettent au-dessus de toute critique*—Luynes, 'Mémoires sur la cour de Louis XV'.

116. **gothique** = *démodé, suranné, qui appartient au moyen âge*, 'old-fashioned, antiquated'; also of architecture, *le style gothique* (more often *ogival*), 'gothic'.

122. **le libraire**, *qui vend les livres*, 'bookseller'; *la librairie*, 'bookshop'; *la bibliothèque* (lit. 'treasury of books'), *le bibliothécaire*, 'library, librarian'.

124. **des Racine**, c.-à-d. *des auteurs comme Racine*.

VINGT-QUATRIÈME LETTRE

V. outlived his admiration for *Académies*. In the edition of the 'Lettres' published in 1748, the first four paragraphs of this Letter disappear and are replaced by others in which V. expresses his faith in liberty and freedom from government control. The revised Letter begins: *Les grands hommes se sont tous formés ou avant les Académies ou indépendamment d'elles*. V. also puts the question: *Qu'auraient fait de plus ces grands hommes [de la Société Royale de Londres], s'ils avaient été pensionnaires et honoraires?*

3. **une académie**, the Royal Society. See note, xiv, 46.

14, 15. Membership at this time was open to gentlemen of quality and learning, approved of by the President and Council and prepared to pay an entrance fee of £2 and a yearly subscription of 2½ guineas. From 1733, however, candidates were admitted only by election. "The celebrated M. de Fontenelle had the honour to pass through this ordeal"—Lockman.

17. **amateur**, note, VII, 33.

19. **la gloire**, 'love of glory'; *Qu'y a-t-il pour le chrétien de plus pernicieux que la gloire?*—Bossuet.
l'intérêt, notes, XI, 34 and XII, 162.

34. **le mémoire**, 'memoir, bill'; here 'Philosophical Transactions'; it was under this title that the 'Journals' or 'Proceedings' of the Royal Society were published; *la mémoire*, 'memory, faculty of remembering'.

36. **l'emporter**, 'surpass, win the day'. Cf. 'pull it off' in sense of 'be successful'; the pronoun is found in other expressions representing *la chose, l'affaire,—il l'a échappé* (or *manqué) belle; il se la coule douce,* 'he takes things easily' (*la = la vie*).

42. Swift's pamphlet was published in 1712 in the form of a letter addressed to 'the most honourable Robert, Earl of Oxford and Mortimer'.

66-7. **Jean Chapelain** and his four companions in opprobrium were all of them among the writers satirised by Boileau. Note, XIII, 122. The *Académie* received its *lettres patentes* in 1635. For some years previously a few *bourgeois* of Paris had been meeting from time to time for the discussion of business and politics. Richelieu persuaded them to make their proceedings more regular and to accept the protection of the state.

75-7. V. disregards one of the functions of the *Académie* which was to publish a Dictionary. Editions had already been published in 1694 and 1718. It appears that, up to 1714, the *Académie* had published in all 206 *discours de réception*.

80. **le récipiendaire**, *celui qu'on reçoit*, 'the member elect'.

82. **Richelieu**, first *protecteur*, died in 1642. Mazarin spoke French so badly that he did not take upon himself the office but allowed his *homme de confiance, le chancelier Pierre Séguier,* to succeed to it. Nowadays, the expression is *céder sa part* rather than *quitter sa part*.

87. 'He must also have some share in this greatness' (L.).

90. 'It is the fault of the age rather than of the individual',—"non fuit...Ciceronis hoc vitium, sed temporis"—Seneca.

98-100. When V. himself entered the *Académie* in 1746, he avoided this dilemma by making some original remarks upon language and upon taste. In the 17th century, both Bossuet and La Bruyère escaped from the beaten track of panegyric, the latter in the direction of disparagement of other writers. Since V., the practice of dealing with some literary subject in the *discours de réception* has continued.

103. **mâcher**, cognate with 'masticate', 'to chew'; *mâcher*

à vide, fig. 'to live on false hopes'; here, 'make a pretence of eating, while dying of starvation'.

109. **l'Académie des inscriptions et belles-lettres** was founded in 1663. It has, like the *Académie française*, 40 members, and its province now includes history, archaeology and philology. Originally it was *l'Académie des inscriptions* and its function was to compose inscriptions for monuments erected by Louis XIV and medals struck in his honour. Its title and scope were amplified in 1701.

114. **approfondir**, note, XIV, 189.

116, 117. This *mémoire*, by H. Morin, *archéologue très sérieux*, appeared in 1723.

120. **l'Académie des sciences**, founded in 1666, is concerned with the study of natural science and mathematics.

133. **Christian Huyghens**, note, XVII, 58. **Bernard Renau**, 1652–1719, was a very distinguished sailor, engineer and naval architect.

135. **la quille**, 'keel'; from another root, cognate perhaps with Ger. Kegel, 'the skittle, ninepin, pin (= leg)',—*il est ingambe, solide sur ses quilles*.

144. **Jacques Cœur**, the foremost trader and financier in France in the first half of the 15th century. Son of a goldsmith of Bourges, his tactfulness secured for him the patronage of Dunois, *le bâtard d'Orléans*, and Agnès Sorel, while his powers of organisation were so great that his ships sailed beyond the limits of Europe to Asia and to Africa. He lent money to the king, Charles VII *le Victorieux*, acted as ambassador, and reorganised the finances of France. He fell in the end before a combination of his enemies and died poor and in exile. **Sir Peter Delmet** died suddenly in London during V.'s stay in the capital, September, 1728, leaving a fortune of upwards of half a million pounds. Of Huguenot descent, he was Lord Mayor of London, 1724, and also a member of the committee of the East India Co., Governor of the Bank of England, and Warden of the Fishmongers' Co. 'The Craftsman' referred to him some years after his death, 1732: "I have always thought such a merchant as the late Sir Peter Delmet, or any great exporter of our manufactures, superior to any Englishman beneath the quality of a Prime Minister".

145. **Samuel Bernard**, a Parisian, the son of an artist, was living when these Letters were published, dying in 1739. He enjoyed the protection of Louis XIV and Louis XV, and amassed an enormous fortune by money lending and the farming of taxes. At the time of his death, he appears to have been in possession of upwards of 30 million francs.

148. **le change**, here 'exchange', 'the nature of exchanges'

(L.); *un bureau de change*, 'exchange office'; also 'change, inter-change', *vous avez gagné au change*; in hunting, *donner le change, faire prendre le change*, 'to put on the wrong scent'; cf. *le changement*, 'change, alteration',—*un changement de temps, de domicile, de conduite*.

148–52. *L'esprit de V. est ici l'esprit anglais*, writes M. Lanson. At least, Sprat, the historian of the Royal Society, about this time had put the questions: "What help did it [speculative science] ever bring to the vulgar? What visible benefit to any city or country in the world?"

155–8. V.'s suggestion is to keep the classics up to date by rejuvenating their diction. The *Académie* had examined certain *bons ouvrages*—*Le Cid* and *Athalie*, for example. V. himself many years later wrote remarks on the plays of Corneille.

159. **fourmiller**, note, XIV, 153.

166. **un homme**, according to Lockman, this was *l'abbé de Rothelin*, of the French Academy. He was a descendant of Dunois (note, XXIV, 144) and interested in numismatics rather than in literature.

167–9. M. Ernest Dimnet, 'The Art of Thinking', 1929, supports V.'s last contention: "The passion of the French for ideas makes them imagine that, when an idea has been expressed, its own virtue will be sufficient to get it realised."

INDEX

The numbers given are those of the pages.

For EU product safety concerns, contact us at Calle de José Abascal, 56–1°, 28003 Madrid, Spain or eugpsr@cambridge.org.

www.ingramcontent.com/pod-product-compliance
Ingram Content Group UK Ltd.
Pitfield, Milton Keynes, MK11 3LW, UK
UKHW020806190625
459647UK00032B/1910